上海交通大学出版社
SHANGHAI JIAO TONG UNIVERSITY PRESS

完美的混乱

美国高等教育的
非凡崛起

A Perfect Mess

The Unlikely Ascendancy of
American Higher Education

[美] 大卫·F·拉伯雷 著
David F. Labaree

迟婷 刘佳荟 译

大学·学术·创新

图书在版编目(CIP)数据

完美的混乱：美国高等教育的不寻常崛起/(美)
大卫·拉伯雷(David F. Labaree)著；孙硕，刘铧泽
译.—上海：上海交通大学出版社，2025.2.—ISBN
978-7-313-29174-5

Ⅰ.G649.712

中国国家版本馆CIP数据核字第2024BPF700号

APERFECT MESS: THE UNLIKELY ASCENDANCY OF AMERICAN HIGHER
EDUCATION
by DAVID F. LABAREE
Copyright: © 2017 by The University of Chicago
This edition arranged with THE UNIVERSITY OF CHICAGO PRESS through Big
Apple Agency, Inc., Labuan, Malaysia. Simplified Chinese edition copyright:
2025 SHANGHAI JIAO TONG UNIVERSITY PRESS

上海市版权局著作权合同登记号：图字：09-2021-534

完美的混乱：美国高等教育的不寻常崛起
WANMEI DE HUNLUAN: MEIGUO GAODENG JIAOYU DE BUXUNCHANG JUEQI

著　者：[美]大卫·拉伯雷
译　者：孙硕　刘铧泽

出版发行：上海交通大学出版社　　　　　地　址：上海市番禺路951号
邮政编码：200030　　　　　　　　　　　电　话：021-64071208
印　制：上海盛通时代印刷有限公司　　　经　销：全国新华书店
开　本：880mm×1230mm　1/32　　　　　印　张：7.75
字　数：159千字
版　次：2025年2月第1版　　　　　　　　印　次：2025年2月第1次印刷
书　号：ISBN 978-7-313-29174-5
定　价：69.00元

版权所有　侵权必究
告读者：如发现本书有印装质量问题请与印刷厂质量科联系
联系电话：021-37910000

译者序

一

从世界大学史的长时段视角审视，美国属于高等教育的"后发国家"。相比于欧洲大学近千年的悠久历史而言，美国的大学只是年轻的晚辈。直至 19 世纪后半期，美国大学依然处于世界高等教育版图中的边缘地带。1884 年，哥伦比亚大学校长尼古拉斯·巴特勒（Nicholas M. Butler）访问德国柏林大学时，被该校浓厚的学术氛围和丰硕的科研成果所震撼，他用艳羡且夹杂失落的口吻说："柏林大学告诉了我们学术是什么，大学是什么。美国高等教育要达到同样的高度，不知要走过怎样漫长的道路。"同时代的美国著名诗人亨利·沃兹沃斯·朗费罗（Henry W. Longfellow）说："对比欧洲，我们的大学是什么？答案很简单，两三幢砖房，一座小教堂和在教堂里祈祷的校长。"政治学家约翰·伯吉斯（John Burges）批评："美国大学的教育水准，甚至不如德国文科中学。"巴特勒、朗费罗和伯吉斯代表了彼时仍处于知识边陲地带的美国学者对作为科学中心的欧洲尤其是德国大学的仰慕，以及对本国高等教育落后的普遍自卑心态。

但巴特勒预估的"漫长的道路"，被历史证明，其实并不漫长。

在短短几十年时间里，美国高等教育走上了"不寻常的崛起"（unlikely ascendancy）之路，占据了世界高等教育版图中的长期优势和科学中心地位，并延续至今。此种中心优势具体表现为：①科研产出优势：以诺贝尔奖等高端科学奖为指标，20世纪中后期美国学者获奖人数形成垄断优势；2016年之前美国科研论文产出始终占据世界第一，且高被引论文和高被引用学者的数量也遥遥领先。②人员流动优势：美国是全球多数国际学生留学的首选国家，著名科学社会学家乔纳森·科尔（Jonathan R. Cole）称"高等教育也许是美国唯一仍然拥有显著贸易顺差的产业"。③制度模式优势：美国大学模式成为世界各国改革仿效的成功样板。著名比较教育学家菲利普·阿特巴赫（Philip Altbach）认为，美国高等教育模式是世界高等教育的"金本位"。④以上优势综合外显为"大学排名优势"。在各类全球大学排行，来自美国的大学均强势"霸榜"：前百占据50席左右，前二十占据15～17席，前十占据7～8席。因此，美国国际政治学者约瑟夫·奈（Joseph Nye）评论，美国高等教育的全球优势，甚至要远强于其在经济和军事方面的统治地位。

美国高等教育如何在20世纪完成了从"边缘地带"到"全球优势"的崛起历程？自20世纪60年代以来，这始终是国际高等教育学界的中心话题之一。塔尔科特·帕森斯（Talcott Parsons）的《美国大学》（*The American University*）、约瑟夫·本戴维（Joseph Ben-David）的《学术的中心：英国、法国、德国和美国》*Centers of Learning: Britain, France, Germany, and United States*）、乔纳森·科尔的《伟大的美国大学：它的崛起之路，它无可替代的国家角色，以及它为何必须受到保护》(*Great American University: Its Rise to Preeminence, Its Indispensable National Role, and Why It Must Be Protected*)以及米盖尔·厄奎奥拉(Miguel Urquiola)的《市场、头脑和金钱：为何美国引领世界大学研究》(*Markets, Minds, and Money: Why America Leads the World in University Research*)先后对此作出经典分析。大卫·拉伯雷教授的这本新著《完美的混乱：美国高等教育的不寻常崛起》，正是在这一主题下的最新洞见。

二

　　大卫·拉伯雷出身于费城的中产阶层家庭，父母都曾在精英学校接受教育。他也延续家族的文教传统，进入哈佛大学攻读本科，1970 年获得学士学位。拉伯雷坦言，因成长于以教育成就为荣的环境中，他偏爱将教育作为重要的社会制度，分析学校教育中社会流动、消费市场和民主政治之间的复杂关系。在哈佛就读时，他的毕业论文主题就是用马克思主义理论分析作为社会特权机构的哈佛大学。

　　与多数美国教育史学者在历史系或教育学院获得博士学位不同，拉伯雷接受的是社会学的学术训练。1983 年，他在宾夕法尼亚大学获得社会学博士学位，其博士论文日后以《一所美国高中的形成：文凭市场和费城中央高中(1838—1939)》(*The Making of an American High School: The Credentials Market and the Central High School of Philadelphia, 1838-1939*)为题，由耶鲁

大学出版社出版，并获得美国教育研究协会（American
Educational Research Association）优秀著作奖和美国教育史学会
（History of Education Society）优秀著作奖。拉伯雷以费城中央
高中的历史变迁为例，展示了美国教育中的民主政治与消费市场
之间的博弈和妥协：民主政治要求扩大高中教育机会，推进教育
平等；而消费市场则要求通过学生分流，维系文凭价值，由此导致
教育不平等。他进一步提炼出美国教育史中三重冲突的目标。
第一，民主平等，指利用教育培养有能力的公民的目标；第二，社
会效率，指利用教育培养市场需要的有生产力的劳动者的目标；
第三，社会流动，指利用教育使个体在社会中向上流动或保持优
势的目标。

　　首本著作奠定了拉伯雷后续学术研究的主题风格。他陆续
出版了《如何不真正学习还能在学校中取得成功：美国教育中的
文凭竞赛》（How to Succeed in School Without Really Learning：
The Credentials Race in American Education）（1999）、《教育学院
的困境》（The Trouble with Ed Schools）（2006）、《教育、市场与公
共产品》（Education, Markets, and the Public Good）、《注定有人
失败：公共教育的零和游戏》（Someone Has to Fail：The Zero-
Sum Game of Public Schooling）等一系列著作。拉伯雷坦言，他
偏爱采用宏观社会学的方法研究美国教育的演变，着重分析学
校—社会关系中的普遍模式和宏观趋势。拉伯雷教授的学术风
格，也鲜明地体现在《完美的混乱：美国高等教育的不寻常崛起》
一书中。

　　不同层级的高等教育机构也是拉伯雷教授的分析焦点。他

在美国高等教育系统的所有层级的机构中都曾有就读和任教经历。从两所常青藤名校（哈佛大学和宾夕法尼亚大学）毕业后，他曾在社区学院做兼职教师，后来又去乔治城大学（美国顶尖的天主教大学）工作一年，然后在密歇根州立大学（赠地学院升格为公立研究型大学）工作 18 年。2003 年至今，在斯坦福大学任教。一段段不同的职业旅程，使拉伯雷教授对美国高等教育的复杂有更为直接的感知，也催生了他这本分析美国高等教育特殊性的著作。

三

《完美的混乱：美国高等教育的不寻常崛起》共九章，可分为三大部分。

第一部分为一至三章，拉伯雷教授从历时性的角度分析美国高等教育体系的崛起历程。他的分析重点不是单个机构史，而是作为"系统"的美国高等教育演进史。因此，与多数大学史著作将美国高等教育史起点定位于 1636 年哈佛学院的建立不同，拉伯雷的讲述从 19 世纪早期开始。彼时正是美国建国之初，在"教派分裂、政府贫弱和市场强大"的社会系统中，宗教教派和地方城镇掀起建立学院的热潮。宗教教派建立学院，把它作为传播教义、培养神职和争夺信徒的方式；地方城镇建立学院，把它作为包装城镇，从而抬高地价的捷径。结果就是，19 世纪的美国高等教育供给严重过剩，其所拥有的高等教育机构数量，是同期所有欧洲国家高等教育机构之和的 5 倍还多。多数学院都面临窘迫的生存困境——规模很小且几乎没有任何稳定资助，只能在市场中努力寻求生源和资金等发展资源,几乎没有学术声誉可言。但这批乌合之众组成的看似毫无希望的系统,却蕴藏着未来生长的巨大潜力:它们是市场竞争中的生存者,有超凡的对消费者需求的敏感度,善于维系和利用一切资源渠道。

19世纪末20世纪初的一系列变化,使美国高等教育走出困境,其潜在优势得到了充分发挥。首先是大公司制经济的兴起,基于家庭作坊的传统旧式中产阶层逐渐瓦解。上大学进而步入新白领阶层,成为美国中产阶层的实惠选择。长期供给过剩的美国高等教育系统迎来充足的生源客户,而它们也善于为学生营造舒适的就读体验和丰富的校园生活,以此收获稳定的校友忠诚,并在未来转化为充足的校友捐赠。其次是德国研究型大学模式的引入,为被视为毫无学术品质的美国大学带来了科学声誉,使其不只是一所"聚会大学"(party school)。用拉伯雷的话来说,研究生院的建立是为美国高等教育系统"加冕"。20世纪后半叶,随着冷战时代的到来,美国联邦政府为高等教育投入大量资金,美国大学的黄金时代开启,它也完成了从"毫无希望的乌合之众"到"全球仰慕的成功典范"的"不寻常的崛起"历程。

第二部分是四至八章。拉伯雷教授转换视角,从历时性分析转变为共时性的结构分析,探讨美国高等教育中自由教育与专业教育、公立与私立、开放入学与维系特权、顶尖机构与底层机构、大学作为公共产品与大学作为私人产品等五对矛盾。拉伯雷教授提到,美国高等教育系统非但不致力于消除各种矛盾和悖论,反而允许各种矛盾和悖论共存缠绕,造就了一个"混乱"的系统结构。主要表现为以下几个方面:

（1）从形式角度而言，专业教育战胜了自由教育，美国高等教育逐渐抛弃了培养"全人"和"绅士"的目标，致力于为社会经济输送专业技术人才；但从实质而言，自由教育又战胜了专业教育，将博雅教育内容和方式引入医学、法学和教育等专业学院；自由教育和专业教育又因消费者偏好的不同，而在高等教育系统的不同层级机构中存在不同的动态比例分配。

（2）私立院校享有更悠久的历史，更雄厚的财源，更深远的传统积淀和更充分的自主权，它们在美国高等教育系统中占据优势地位；公立院校相对于私立院校受到更多束缚，但是它们也通过仿效私立院校，造就了其相对的成功；在美国高等教育系统中，无论是私立还是公立，其实并没有实质差别，相比于世界其他国家的大学，它们都具有更强的市场导向，更少的政府控制，更充足的财富资源和更耀眼的学术成就。

（3）美国高等教育系统是政治民主和市场自由悖论的混合，一方面不断扩大普及入学率，另一方面又不断通过创设更高层级的机构或者分流的方式，维系精英家庭的"特权"。

（4）美国高等教育系统中有位于顶端的研究型大学，也有居于底层的社区学院，它们各有特色定位；不同层级机构中的教师和学生各有不同的生存策略，但无不想利用系统阶梯向上攀爬。

（5）美国高等教育有作为私人产品的悠久历史，尽管它也带来公共利益，但其主要目的是服务于私人利益，诸如扩张教派势力、推高城镇土地价值和实现个人的社会流动等；冷战时代的美国大学具有了更多的公共产品属性，被赋予保卫国家安全的公共使命，拥有了更多的公共资金投入；但随着冷战烟消云散，美国高等教育又回归常态，其私人产品属性再次成为主导，政府公共投入逐渐减少。

第三部分是第九章，拉伯雷教授对美国高等教育的特性进行总结，并对当前美国国内各种对大学的批评声音和改革方案提出批判性回应。总结起来，拉伯雷教授所说的"完美的混乱"至少包含三个层面。第一，宏观治理的"混乱"。美国高等教育系统没有中央管理机构，其发展历程也不是规划指令的产物，而是依据市场规律自发运行的结果。第二，成分元素的"混乱"。美国高等教育系统以及单个机构，都是一系列看似矛盾冲突的各类元素的混杂。其中包括致力于高深知识生产的精英主义、以知识服务社会的实用主义、与大众社会建立多重连接（如校级体育）的平民主义。每种元素都能赋予美国高等教育独特的优势和力量，同时弥补其他元素可能带来的弊端。第三，组织结构的"混乱"。美国大学的内部治理融合传统权威（中世纪大学流传至今的惯例）、理性权威（现代科层制）和魅力权威（超凡学者的号召和影响力）。因此，美国大学并不完全是目标和架构清晰理性的组织结构，而是一种"有组织的无政府状态"（organized anarchies）。这种复杂混乱的组织结构，保护大学免受现实世界的过分侵扰。

拉伯雷教授归纳出美国高等教育系统的四种特性：①机构自主性：美国大学受到政府控制较小，它更适合在市场中寻找发展机遇和资源。②对消费者需求的敏锐性：美国大学善于捕捉学生消费者的需求，建立与消费者的忠诚连接，捕捉一切可能的资源渠道。③模糊性：美国高等教育既是平等和开放的，但实际上却又高度分层且利益分配极度不均，从而能满足社会各阶层的需求,获得广泛支持。④组织复杂性:大学杂糅多种权力模式和组织结构(董事会、校长、学系和研究中心等)。他认为,正是这些特色,造就了当今美国大学的全球优势和成功荣耀。

令拉伯雷教授忧心的是,当前美国公众对美国大学的不满日益增加,对其混乱、不透明和欠缺效率的批判不绝于耳。公众的改革方案包括增加大学透明度,引入审计问责制度;将大学拆分,用最符合成本收益的方式,分别确定每一个任务如何运作等。但是诸如此类"更理性化形式"(more rationalized form)的改革呼吁,正在破坏美国高等教育系统的"完美的混乱"。拉伯雷教授呼吁,保护美国高等教育的最佳方式就是让它维持其"完美的混乱"。

四

《完美的混乱:美国高等教育的不寻常崛起》原版著作自 2017 年出版以来,得到了国际学界的广泛关注和讨论,目前已有多篇书评发表于《教育史季刊》(*History of Education Quarterly*)、《当代社会学》(*Contemporary Sociology*)和《欧洲高等教育期刊》(*European Journal of Higher Education*)等期刊。总体而言,国际学界认为拉伯雷教授对美国高等教育总体特征及其历史崛起之路,建立了具有解释力的宏观理论框架。哈佛大学教育研究院的茱莉·鲁本(Julie A. Reuben)教授说:"拉伯雷在历史纵向分析与共时结构分析之间流畅自如地切换,新洞见层出不穷,令读者收获独特的阅读体验。"威斯康星大学麦迪逊分校的亚当·尼尔森(Adam Nelson)说:"任何尝试用 200 页篇幅讲述美国高等教育复杂历史的尝试,都值得尊重。这本书充满拉伯雷教授的新见解,几乎每一页都能带给我们突破已有成见的快乐收获。"范德堡大学的克里斯托弗·洛什(Christopher P. Loss)教授说:"拉伯雷的著作,书名起得漂亮,观点发人深醒。他告诉我们美国高等教育系统如何在教育市场中自发成长。尽管它看上去很混乱,但却很完美。"

任何有洞见的解释,也不可避免地存在缺陷和盲区,拉伯雷教授的著作也不例外,它也收到了诸多善意的学术批评。如有学者认为,完全用市场机制解释美国高等教育系统的形成和演变,并不能获得历史图景的全貌,美国大学是市场和政治综合交织的产物。也有学者认为,少数族裔和女性的故事几乎完全被拉伯雷忽视,他们与大学之间的故事,是否能在目前的理论框架中得到解释,尚且存疑。对于拉伯雷认为目前美国大学的政府拨款减少,是在"回归高等教育作为私人产品的常态",也有学者提出不同意见,认为历史上美国大学其实获得了充足的政府支持,当前困境是新自由主义的产物,并不是"回归常态"。

五

中国学界对美国大学如何崛起成为世界科学中心的问题,始终充满好奇。20 世纪初,胡适等留美学者便致力于向国内学界介绍美国大学史,讲述芝加哥大学、约翰·霍普金斯大学和哥伦比亚大学如何成长为学术圣殿的历程,表达了希望中国早日实现学术独立,能拥有世界知名学府的期盼。20 世纪 90 年代至今,伴随着"211"、"985"和"双一流"等高等教育领域重点建设工程的实施,以及"世界一流大学"的话语概念和政策目标的提出,中国学界对美国大学的好奇与关注再次达到高潮。中国学界希望通过研究美国高等教育史,为中国高等教育改革和发展提供直接可用的参考模式和成功经验。

但是,强烈的现实关怀和寻求直接借鉴的渴求,不可避免地包含着认知偏差。中国学界的研究者根据个人对中国大学改革现实需要的理解,急于在美国大学史中寻找成功经验,在匆忙而简短地交代最表层历史事实和渲染美国大学的"成功"之后,就迫不及待地阐发它对中国的借鉴启示。其中最大的问题是,研究者经常将中国的制度和思维惯性,无意识地套用在对美国大学的分析之上。但是,中国高等教育发展的主角是国家规划和政府投入,而正如拉伯雷教授在《完美的混乱》一书中告诉读者的,美国高等教育是市场导向下自发成长的产物。二者之间存在巨大的文化和制度差异。在《美国高等教育的例外论》(*The Exceptionalism of American Higher Education*)一文中,拉伯雷说:"其他国家能否借鉴美国大学通向成功的道路经验呢? 我的答案很简单直率:不能。"

因此对中国学界来说,拉伯雷教授的这本《完美的混乱:美国高等教育的不寻常崛起》的意义,不在于为我们提供一种现成的即学即用的"成功模式",而是让我们在历史和比较的视野中理解美国大学的特性,理解其如何在美国独特的历史和社会环境中生成。中国学界需要逐渐对美国成为世界高等教育强国的历程形成不同层次的宏观框架、中层理论和微观案例。它可以说明美国大学崛起的社会和制度性基础和支持，不同时代高等教育变迁的复杂动因和路径，不同类型机构生存和发展的策略选择，以及各种法案、观念、改革和传统在实际运转中面临的效果、矛盾、冲突和博弈。尽管这种认识并没有提供直接的行动指南，但其提供的历史和比较的纵深视野，无疑比仅转述美国大学成功和荣耀的神话更能转化为中国大学发展的养料。从这个意义上说，翻译《完美的混乱：美国高等教育的不寻常崛起》对中国学界有重要的学术意义。

　　本书的翻译工作由华南师范大学的孙碧和刘梓泰承担。孙碧主译第一、五、六、七、八和九章，刘梓泰主译第二、三、四章。全书由孙碧校对统稿。翻译本书的过程中，得到诸多帮助。北京大学的沈文钦老师和浙江大学的王慧敏老师多次给予我专业建议；拉伯雷教授为中文译本专门作序；上海交通大学出版社的易文娟和姜艳冰两位编辑老师为该译本的出版进行了优质且专业的编辑工作。在此一并表示感谢。

中文版序

《完美的混乱：美国高等教育的不寻常崛起》能面向中国读者出版中译本，我感到十分荣幸。但我不希望标题中的"崛起"（ascendancy）一词引起中国读者们的不满。美国人在谈论自己的国家和制度（机构）时，总是表现出胜利者的态度，世界上其他国家的人们自然会对这种倾向感到恼火。我们喜欢谈论美国最好、最大、最富有、最自由，是世界的榜样。我在想，我们究竟还能多么惹人厌烦？

所以我需要说明一下我在本书中对于美国高等教育系统的阐释。这个系统最让我感兴趣的，不是它的成功和优势，而是本书标题中所使用的另外两个词："混乱"（mess）和"不同寻常"（unlikely）。从许多方面来看，美国高等教育系统只是搭上了美国崛起成为世界强国的顺风车，仅仅是因为在正确的时间，出现在正确的地点（恰逢其时），因此并不值得称赞。

作为一名从事教育史研究的社会学家，对我来说，有趣的是美国高等教育系统的特殊结构。这是一个奇怪且极其混乱的结构——完全的去中心化、自发形成、自我运作、缺乏规划指导。没有人能够统一指挥整个系统，但矛盾的是，它却拥有众多领导者。

每一位大学校长、学院院长、系主任、研究所主任或单个教师学者，都是一个个自我成就的企业家，他们追求个人的职业目标，并在此过程中无意地创造了美国高等教育系统的混乱和动态的制度结构。

在第一章的开头，我试图阐明美国高等教育系统结构的重要性，并向大家表明：我分析的重点，是这种系统结构，而不是这种结构所依附的国家。那么是什么原因，造就了美国大学在过去一百年间惊人的崛起呢？一种解释是美国在 20 世纪占据经济、军事和文化主导地位。财富和权力，无疑是塑造美国高等教育影响力的重要因素。两者为美国高等教育体系提供了吸纳大量国际学术人才的财力保障。第二种解释是英语成为主要的国际语言，这使美国大学获得巨大优势，能顺利通过其学术出版物吸引世界读者，以及从国外招聘教师和学生。第三种解释是 20 世纪的两次世界大战，它摧毁了欧洲大学（尤其是德国大学），却将大量与战争相关的研究资金输送给受保护的美国同行；冷战的兴起促使美国联邦在大学招生和研究方面投入了大量资金。所有这些因素，都为美国大学带来了显著的竞争优势。如果没有它们，美国大学可能永远不会形成目前的优势地位。

然而，我选择不去关注这些强大的外部背景因素。相反，我考察了美国高等教育系统自身的结构元素，这些元素帮助系统能够充分利用财富、权力、语言优势、地理隔离和政府投入所赋予的各种机会。因此，在不否认国家实力重要性的前提下，我将重点关注那些虽不显著却同样令人信服的因素，它们是造就美国大学占据优势地位的内部原因。当所有这些优势在 20 世纪中期显现的时候,美国的高等教育体系已经有了广泛的政治支持、大量且多样的收入来源、机构自主权以及组织能力——这些优势都使它能够最大限度地把握不断涌现的历史机遇。

这些系统结构的元素,是19世纪初美国历史环境造就的产物。美国高等教育系统诞生在一个市场强大、国家贫弱、教派分裂的环境中。共和国早期的政府极度分散,并且穷困潦倒,无力去创办大学。[1]在缺少国家统一教会的情况下,各种各样的教派展开了对教众和资金的争夺,他们也无法为其赞助开设的高等教育机构提供强有力的财政支持。然而,市场填补了空白。

美国最早的大学大部分是私立机构,它们拥有政府颁发的特许状,但很少或从未获得过政府资助。它们像公司一样运作,由一个外行董事会掌管并任命校长。在19世纪初,许多大学以这种方式成立,其背后的原因与其说是为了学术,不如说是出于市场考虑。在一个土地太多但买家不足的国家,房地产开发商经常会在他们持有的土地上创建一所小型学院,以此提升周围土地的价值——类似于今天开发商建造高尔夫球场,然后凭借溢价出售其周围的土地从而谋取利益。建立大学的另一个主要原因来自教派,他们努力在不断扩展的西部边疆地带建立大学,从而作为占领教区、培养教职人员和追赶竞争对手的方式。

这些机构由神职人员(其唯一的学历是大学学位)组成。由

---

[1] 在世界上大部分国家和地区,学院(college)是在层级上低于大学(university)的高等教育机构,但美国人可以替换着使用这些术语。在美国,当你声称自己上过大学时,通常会被人认为是一种炫耀,这对于其他英语国家的人来说亦是如此。因此,我们会更倾向于说我们所就读的是学院。

于缺乏学术声誉和来自教会或国家的稳定资金支持，并且通常坐落在偏僻的地方，这些机构不得不为维持自身生存而奋斗。他们通过向学生收取学费，并寻求当地精英、教会成员和毕业生的捐款谋生存。19 世纪，当州政府开始建立自己的高等教育机构时，州立大学同样需要仿效已有的私立模式，因为这些公立机构其实几乎没有公共资金（直到 20 世纪才开始出现年度拨款），并且通常是为了与邻州竞争（如果你是一个名副其实的州，你必须得有一所州立大学），而不只是为了满足当地学生的需求。到 1880年，美国拥有世界上最过剩的高等教育系统，其学院和大学的数量是整个欧洲大陆的五倍。它所缺少的只是足够填满教室的学生，以及足够的学术信誉，以此维系自身"高等"教育的标签。此时，有两个外部因素将美国高等教育从崩溃边缘中拯救出来：一是公司经济扩张，白领工人的需求增加，这带来了学生人数的激增；二是德国研究型大学模式的引入，它为美国高等教育带来了学术的声誉和名望。

直至此时，美国的高等教育体系才开始展现出巨大的希望。具有讽刺意味的是——这也是本书的一个中心——正是如下因素使得美国高等系统在 19 世纪显得如此糟糕，但在 20 世纪却变得如此强大。缺乏充足的国家拨款，迫使大学不得不善于创造自己的资金来源：来自捐赠、合同、专利、学费和其他费用；来自愿意用捐款换取大学声望的富有捐助者，尤其是来自本校的毕业生。这些大学发展出吸引学生参与大学生活（兄弟会和橄榄球比赛）的方式，让他们形成对母校的认同感，以至于他们为穿戴校服校徽为球队加油助威，并为成为母校捐赠基金的终身贡献者而感到自豪。结果是,大学不再仅仅是一个接纳你入学的地方,它将与你同在。

　　大量私立资金流入大学,对机构质量产生了显著的积极影响。这些大学部分独立于国家资助,促使这些大学在一定程度上独立于国家控制。结果就是它们作为企业能够快速适应市场环境,追求新的机会项目,推动与同行机构激烈竞争,借此寻求获得资金的优势、声誉、教师和学生。大学通过专注于培养消费者忠诚度,充分发挥自己对广泛支持者——社区、企业、政府的实际效用。融合学术精英主义(academically elite)和政治平民主义(politically populist)的高等教育系统,能够建立宽广的政治支持基础。

　　这就是我将在本书中讲述的关于美国高等教育系统的故事,希望你会觉得它很有趣。

大卫·拉伯雷

加利福尼亚州,帕罗奥多市　斯坦福大学

目 录

第一章

没有规划的系统:
美国高等教育模式的元素

美国高等教育系统是个异类。在 20 世纪,它超越它的欧洲前辈,成为世界高等教育的主导性系统,拥有充足的资金、人才和声誉,以及远超其他模式的制度性影响,即使这些模式曾经是美国效仿的榜样。照常理,这一切本不该发生。美国高等教育系统的起点很低,只是一批 19 世纪教派文理学院的散乱组合,且这些学院乃是因教派扩张和地方市民支持(civic-boosterism)才得以建立,而非出于对学术成就的追求。这些学院毫无学术声誉,也没有可靠生源和稳定财源。然而这些 19 世纪时美国高等教育系统的弱点,在 20 世纪竟然转变为优势。正因为没有强大的财源和集中管控,每个学院为了存活和发展,必须学会如何在竞争异常激烈的市场中,吸引学生学费和校友捐赠,且由此发育出一套管理模式,帮助它能把握任何可能的发展机遇,培育任何可能的赞助财源。因此,美国大学形成了一种新生但有活力的高等教育模式:高效、适应性强、自主、对消费者需求反应敏锐、自足且高度分散。这些特征使得美国高等教育居于有利位置,它不断扩张和繁荣,在 20 世纪初终于获得了它曾经极度欠缺的东西:学术成就与声望(尤其是自然科学研究)和稳定充足的生源(成为中产阶层的上升通道)。本书试图解释美国高等教育系统如何实现了从卑微到卓越的崛起历程:为何看似软弱无力的结构,竟然成为系统成功运转的关键?

将五花八门的 4 700 所美国大学和学院,统称为一个系统,似乎有些牵强。① "系统"意指规划,以及一种将事物按照规划运转的管理形式。这才是绝大多数国家高等教育的正式结构。在多数国家,高等教育系统由教育行政部门监管和控制。但美国高等教育系统,不是在规划中成长,也没有机构管理它。它始终在自发成长。尽管如此,它仍是一种系统,拥有明确结构以及约束其中每个个体和机构的清晰规则。② 在这种意义上,它不像被宪法明文约束的政治系统,而更类似被物理定律控制的太阳系。而且如同太阳系,它的历史不是被人类特意规划,而是自然演进。太阳系就在这里运行,我们可以理解它如何形成和运转。在本章中,我将分析美国高等教育系统发展历程的动力;从此历程中演化出的独特结构;管理这个结构的规则;这个奇特的美国系统所带来的特殊优势和代价。[美国高等教育系统的特点之一是,美国人将"学院"(College)和"大学"(University)混用,我在本书中也如此处理。在世界其他地方,"大学"指的是比"学院"高级的机

---

① 这里的学院和大学指的是授予学位的高等教育机构,大约有 4 700 所。另有 2 500 所院校不授予学位,主要是从事美容和卡车驾驶等领域教育的职业学校。数据引自美国国家教育统计中心(NCES, 2014),表 105.50。

② Clark, 1983.

构,在美国,"学院"是常规用语,用"大学"则多数出自炫耀心理。]

　　为更好地讲述,我从一些统计数字开始。当然,美国大学的根源在欧洲,欧洲大学是历史上最成功的伟大机构之一。克拉克·克尔(Clark Kerr)用非凡的数字证明了这一点。依据他的统计:

> 　　在西方,建于 1520 年之前的大约 85 所机构至今仍保留相似功能,其中有天主教会,马恩岛、爱尔兰和不列颠议会,瑞士联邦的几个州,以及 70 所大学。统治者国王、封地诸侯、垄断的行会,都已消失。但那 70 所大学,却依旧在原地,还是同样的建筑,教授和学生们仍在从事几乎相似的活动,其管理方式也几乎原样延续。[1]

这些机构定有特殊之处,从而拥有非凡的持久性。

　　美国大学不能与其欧洲同行的悠久历史相提并论,但其自诞生之后便在短暂时间内却取得了令人惊讶的成就。上海交通大学高等教育研究院 2014 年发布了世界大学学术排名,主要使用学术引用率和诺贝尔奖等指标。[2] 该排名中前 500 名大学,有 146 所来自美国,而且排名越靠前,美国大学所占比例就越高。美国大学在前 100 中占 52 席,前 50 有 32 席,前 20 有 16 席。只有牛津和剑桥两所非美国大学进入前十。有人也许可以用指标不同则排名不同的理由质疑,但没人能否认年轻的美国大学的优异成

---

[1] Kerr 2001,115.

[2] Institute of Higher Education 2014.

就。其他排名也反映了类似情况，例如《泰晤士报高等教育副刊》（*Times Higher Education Supplement*）的排名显示，世界前 20 名有 15 所美国大学。[①] 世界大学网络排名（Webometrics）根据大学官网公开的学术成就信息对各个大学进行排名，结果表明，前 20 名中有 17 所是美国大学。[②] 此外，让我们看看另一项具有说服力的数据：1901—2013 年的 864 位诺贝尔奖得主中，有 347 人（40％）是美国人。[③] 2000—2014 年，49％的诺奖得主是来自美国大学的学者。[④]

　　什么造就了过去百年间美国大学令人惊讶的崛起？第一种解释，将之归因于美国在 20 世纪获得的经济、军事和文化上的绝对优势地位。国家财富和权势，是造就美国高等教育影响力的关键因素，能为之提供充足财源以及延揽国际学术精英的吸引力。第二种解释是，英语作为主要国际语言，保证了美国大学的出版物有广泛读者，在招收海外教师和学生方面也有巨大优势。第三种解释是两次世界大战毁坏了欧洲（尤其是德国）大学。与之同时，巨额战争科研经费却流向未受战火摧毁的美国大学。冷战的出现，也促使美国政府向大学科研和学生投入巨额经费。正如我将在第七章中说明的，这些因素都赋予美国大学巨大的竞争优势。没有它们，美国大学的统治地位或许不会实现。

　　然而，我并不打算关注于这些重要的外部因素。相反，我选

---

① *Times Higher Education Supplement* 2015.

② Webometrics Ranking of World Universities 2014.

③ Fisher 2013.

④ Bothwell 2015; "Nobel Prize Facts", 2015.

择分析美国高等教育系统的内部结构元素，这些元素能将金钱、权力、语言优势、地理隔离和政府投入带来的机会，最大化地转化为发展资本。我不否认国家实力的重要性，但我聚焦分析不是那么外显但却同等重要的内部原因。20世纪中期，在这些外部优势发挥作用之前，美国高等教育系统已经获得了广泛的政治支持、充足的资金以及机构自主和组织能力。所有这些，保证它能最大限度地利用历史机遇。

要想理解美国大学的成就，我们需首先回溯自由和民主的基本矛盾，这种矛盾在大西洋两岸的欧美世界中普遍存在。这个矛盾是：是选择民主政治，进而限制自由以确保社会平等最大化，还是选择自由市场，进而容忍不平等以保证自由最大化。在高等教育领域，这个矛盾转变为是开放入学还是择优录取（social accessibility or social exclusivity），即录取所有人与将入学机会局限于精英之间的矛盾。无论在美国还是欧洲，解决这个矛盾的机制，都曾经相同。分层，成为同时容纳高等教育的民主和自由两种取向的方式。构建底层开放和顶层竞争的金字塔体系，可以使大学既有开放性，也有精英性。如此系统既能扩大社会机遇，也能保护社会特权。它赋予每个人通过高等教育实现社会流动上升或者无法上升的可能；它也创造了所有大学形式上平等，但功能不同的结构。最容易被录取的大学提供的社会上升可能最小，录取竞争性最大的大学则提供最快的上升门路。

尽管分层是解决民主政治和自由市场之间矛盾的普遍做法，但不同国家的高等教育体系平衡两组价值选择的方式存在显著差异。美国不同于欧洲之处在于，它不怎么依靠政府管控，而是更多依靠市场需求和教育消费者的反应。此种市场导向的首要结果就是,美国高等教育体系采用了更极端的机构分层方式,顶端和尾部的差距更加显著。加强版的等级制体系刺激学生、教师和机构都必须争取在结构中占据尽可能靠上的位置,如此方能获得最大收益。但与此同时,因为存在三组因素,金字塔系统的上升通道极其狭窄,导致这种努力不太可能成功。

接下来,我将分析美国高等教育如何围绕市场组织把自己塑造为具有企业性质的自治机构(entrepreneurial autonomy)。然后我会分析美国高等教育的市场导向,正是它塑造了高度分层的美国高等教育。继而,我将焦点从市场转向政治,分析不同政治目的和势力的奇特平衡,正是这种平衡塑造并强化了美国高等教育系统宽广的社会支持基础。我会比较美国高等教育系统与中世纪大学,展示二者如何在国家及其对抗性力量的空间中,谋求到相当程度的自治。最后,我会分析美国大学如何继承发展出一个混合权力模式,这套混合权力模式强化了它的独特组织模式,赋予它驾驭那些企图控制它的外部力量的能力。

一、美国高等教育的市场取向

从世界史的角度看,市场机制诞生的历史并不长,但它恰好形成于美国历史的开端时代。路易斯·哈茨(Louis Hartz)认为,美国跳过了封建社会的发展阶段,其诞生之初就是自由社会。[①] 马

---

① Hartz 1955,3.

丁·特罗（Martin Trow）从这一点出发，对美国高等教育的早期发展及其迅速扩张作出有说服力的解释分析。[1] 看看他提供的数字：美国独立革命之前，北美殖民地有 9 所学院，英国有 2 所；至内战时期，美国大学的数量猛增到 250 所；1910 年，美国大学的数量已接近 1 000 所，学生达到 300 万；同期法国只有 16 所大学，在校学生大约为 4 万。[2]

特罗认为，市场环境从一开始便使美国大学形成了独特的组织与治理模式。与欧洲大学不同，早期美国大学乃是私立的非营利性团体，它从州政府获得特许状，但州政府并未给予多少实质支持。19 世纪中期，各州纷纷创办大学，它们成为美国高等教育系统中成长最快的组成部分。不过这些正式的公立大学，仅能从州政府那里得到部分有限经费。整个 20 世纪，州政府投资在高等教育总收入中也只占 20％～30％。州政府投入在公立大学财政中所占比例最高的阶段是在 20 世纪中期，但此后州政府投资的比例便一直下降，直至今日。到 2013 年，公立大学的收入只有 21％来自州政府投入，还有 16％来自联邦政府。[3]

今天，顶尖的公立研究型大学收入中，只有不足 10％来自州政府拨款。多数收入源自捐赠、赞助、研究经费、专利，最重要的是学生学费。这些收入几乎都不在州政府的掌控范围（研究经费是例外）。大学要想获得这些收入，显然必须组建有效的机构模式，允许甚至正式授权机构领导者，以企业家的思维与行动方式

---

① Trow 1988,1999.

② Trow 1988,15.

③ Pew Charitable Trusts 2015, fig. 8.

开拓教育市场。为了生存与发展，大学必须善于从在校生那里获得学费，从毕业生那里获得捐赠。在 18、19 世纪，美国大学的市场收入主要来自学费。今天，即便其他渠道的收入增长巨大，学费对于大学依然非常重要。

美国大学的显著特点之一，是它对学费的依赖。私立大学更是如此。公立大学同样得靠学费，否则便难以弥补政府投资不足造成的经费短缺，更不要说发展政府拨款项目之外的事业了。从发端到 20 世纪中叶，一些州（最典型的是加利福尼亚州）的公立大学实施免费教育。但进入 20 世纪后半叶，纳税人的抗议和其他更棘手的财政支出使州政府捉襟见肘，无力负担日益增长的高等教育开销，免费教育便消失了。整个 20 世纪，学费在高等教育总收入中所占比例大概是在 20％～25％之间浮动。至 20 世纪末，私立大学的总收入有 28％来自学费，公立大学的比例是 19％。[①] 2012 年，在一半的州内，学生在公立高等教育机构支付的学费，超过州政府投入。[②]

依赖学费，意味着美国大学一直处于竞争激烈的环境中，因此必须成为反应敏捷的行动者。它们必须努力吸引、留住学生，知晓竞争对手的一举一动。消费者及社会条件一旦发生变化，它们就得迅速做出调整。它们必须善于赢得投资、捐赠及其他收入。这一切促使美国大学必须形成适宜的管理、组织和课程模式。

---

① NCES 1993, fig. 20；2002, figs. 18 and 19.

② *Chronicle of Higher Education* 2014a.

美国大学管理模式的核心特征是独立的董事会。掌控董事会的既不是州政府官员，也不是大学学者，而是一群外行人（laypersons）。他们穿梭于大学与政府之间。当教授的影响力不利于内部和谐时，他们可以起到平衡作用。至于在市场上追求各种实际利益之时，他们更是不可或缺的中介。挑选、任命校长亦是由董事会负责。而在美国高等教育体系中，校长绝对是一位举足轻重的人物，而教授权力则相对弱小。

赢得董事会支持的强力校长，扮演首席执行官的角色，他像是在领导一家以市场为导向的教育公司（educational enterprise），会根据市场需求打造合适的组织结构。因此，美国大学的组织结构差异明显，但无论地位高低，每一所大学都会努力满足消费者的偏好，争取市场份额。这意味着美国高等教育系统，即使是公立学校，常常可以不依靠政府，而更依赖消费者。也正因为这一点，美国高等教育系统会形成明显的分层。接下来将进一步探讨，这个高度分层的高等教育系统如何在历史中生成。

二、结果：一个高度分层的系统

以市场为导向的高等教育系统，具有一种导致内部高度分层的特殊动力。每个教育公司都在与其他对手竞争，以求在市场中谋得一席之地，由此能更好地吸引学生，获取充足的财源，最终能持久地经营。问题是，由于政府对大学的建立和扩张缺乏有效的限制，这些学校意识到自己身处的是一个买方市场。个体消费者的需求多种多样，各不相同，这促使大学选择通过横向区分市场的方式，适应这些不同的需求。而与此同时，消费者想要一份大学文凭，以帮助他们取得成功。这意味着消费者不仅仅想要接受不同的大学教育，还渴望更具优势的大学教育——尤其是在找份好工作时更有优势。为了满足这种消费者需求，美国发展了一个多层次的高等教育系统，范围覆盖了从底层的开放入学机构，到顶层的具有高度筛选性的机构。顶尖机构为毕业生提供的学位，与下层机构毕业生的学位形成强烈的反差。

这种高等教育的分层结构，生成于一个充满活力的市场体系。在这个体系中，机构决策者必须按照四个基本规则运作：

规则 1：历史悠久胜过初出茅庐。最古老的美国大学，大多数是顶级大学，这绝非偶然。在美国排名前 20 的大学中，19 所建于 1900 年之前，7 所建于 1776 年之前，尽管超过一半的美国大学是在 20 世纪建立的。① 在竞争对手进入这个领域之前，最古老的学校已经建立了一种培养地方名流的模式，把握着实现家庭地位跃升的门路，积累了大量捐赠，并雇用了最有能力的教师。

规则 2：最好的奖励，属于系统顶层。这意味着，每一所排名靠后的大学都有很强烈的晋升动力，排名靠前的大学也有着很强烈的保持优势的动力。尽管较低层次的学校很难跃升，但这并没有阻止它们尝试。尽管机会渺茫，但潜在的回报足够大，这使得每个机构都对系统上层充满着渴望。一些典型的成功案例，让这些机构留存希望。大学校长彻夜难眠，无不梦想着跟随加州大学伯克利分校、约翰·霍普金斯大学、芝加哥大学和斯坦福大学这

---

① *U. S. News and World Report* 2012.

些层级攀升者们的步伐，复制通往系统顶层的路线。

规则3：模仿你的上层是值得的。当研究型大学在20世纪成为美国高等教育顶层的典范时，它成为所有其他学校共同追求的理想。要想取得成功，你需要提供一整套本科、研究生的专业课程，筛选性的招生和追求学术发表的教授，一块橄榄球场和一批哥特式建筑［大卫·里斯曼（David Riesman）称这种模仿结构为"学术进程"（the academic procession）］①。当然，考虑到顶层已经享有的优势，模仿很难产生预期的效果。但这是唯一的游戏规则。即使你在排名中没有上升，你至少能让自己的各路支持者们放心，他们所支持的是一所真正的大学，至少表面上和感觉上很像。

规则4：创建新的学院机构，而不是增加现有学院的入学人数，是系统扩张的最佳谨慎方式。教育消费者的新需求浪潮，周期性地推动高等教育入学规模的扩张。最初，现有的学校通过扩大规模来满足需求，这意味着直到1900年，哈佛大学一直是美国公立或私立大学中规模最大的大学。② 但在此增长之后，提供更开放的入学机会，不符合现有机构的利益。出于保护自身机构优势的考虑，它们不愿承认那些水平低下的机构，以免玷污自己来之不易的声望。最好能让更多为此目的而设立的学院承担这项职能。于是，新的学院出现了。根据其创建资历和入学难度，这些学院被明确指定为系统的较低层级。

---

① Riesman 1958.

② Geiger 2004a, 270.

现在来看这些规则如何塑造了如今美国高等教育的分层结构。结构共有四层。根据规则 1，这些层级从上到下大致按照时间顺序出现。常春藤联盟学院（Ivy League Colleges）出现在殖民时期，随后在 19 世纪早期和中期出现了一系列旗舰州立大学（flagship state university）。这些机构同后来出现的一些层级攀升者，逐渐构成了精英研究型大学的核心群体，由此共同构成了系统的顶层。这一层次的学校也是美国和世界上最有影响力、最有声望、资金最充足、录取最具筛选性、研究成果最多和研究导向最前沿的学校。

第二层是 19 世纪中后期诞生的赠地学院（land-grant collages）。它们的创建是为了满足现有机构无法满足的需求，满足更广泛学生的入学需求，并提供农业和工程等领域具有实际效用的项目。他们经常在名称上以"州立"（如密歇根大学对密歇根州立大学）或"农工"（A&M 代表"农业和机械"，如得克萨斯大学对得克萨斯农业机械大学）一词，将自己与旗舰研究型大学区分开来。但是，根据规则 2 和 3，他们通过迅速发展成为为消费者提供全方位服务的学院和大学。在 20 世纪，他们采纳了研究型大学的形式和功能，尽管只是以某种温和的方式。

第三层由 19 世纪末为培养教师而建立的师范学校（normal school）发展而来。同之前的赠地学院一样，这些目标狭隘的职业学校在消费者的压力下迅速发展，消费者希望它们效仿顶层学校，提供一套更有价值的文凭以及更广泛的社会上升机遇。在这些市场压力下，师范学校演变成师范学院（teachers college）和综合性的州立学院。最后，它们在 20 世纪 60 年代演变成综合性的地方州立大学。

第四层是 20 世纪初兴起的初级学院（junior college），它最终演变成一个广泛的社区学院（community college）系统。像赠地学院和师范学校一样，这些机构为系统中较低层次的新学生提供了入学机会。与他们的前辈不同，它们在很大程度上没有被州政府允许升格为大学模式，仍然主要是两年制学校。但这类学校还拥有转学选项（transfer option，转入四年制大学的项目），许多学生将转学看作是一种能更加容易进入上层机构的途径。

上述四个层级，仍然遗漏了复杂的美国系统中一些关键元素：教会大学和博雅学院（liberal arts colleges）。那么该如何界定它们的位置呢？首先值得注意的是，这两类大学都有自己的市场，可谓自成体系，而且内部也有等级划分。以教会大学为例，我们会把天主教大学，诸如圣母大学（Notre Dame）、乔治城大学（Georgetown）等排在顶端，这和我们把非教派学院进行排名一样。当然，今天的教会大学已越来越像那些非教会的私立大学，因为市场压力会迫使教会大学向竞争者看齐。至于博雅学院，《美国新闻与世界报道》（*US News and World Report*）也为之发布专门的类型排名。可见这两类大学，在一定程度上同样可以印证前文讨论的高度分层特征。

此外，博雅学院常被看成是大学研究生院的摇篮，同时也让本科教育多了一种选择。此类学院以"博雅教育"（liberal education）为傲，在等级分化明显的美国高等教育界中，重视学术型导向项目，轻视职业导向项目。尽管博雅学院自成体系，但它也通过成为顶级大学研究生院的预备学院，从而在整个美国高等教育界确立自己的特殊地位。因此，博雅学院的声誉远高于社区学院。社区学院只提供两年的职业课程，入学要求非常低，要想接受四年的本科教育，就必须转学。博雅学院的入学要求则非常高，许多人因此被拒之门外。如果被录取，不仅可以接受学术质量优异的四年本科教育，而且能够进入最好的研究生院深造。

过去三十年的职业生涯中，我在美国高等教育系统的所有层级的机构中都有任教经历。我在常春藤（宾夕法尼亚大学）念的研究生院，在读期间我在社区学院（雄鹿县社区学院，Bucks County Community College）做兼职教师。还在一所曾经是师范学院、后来升格为综合性州立大学（特伦顿州立学院，现在叫作新泽西学院）的机构中工作。毕业后，我曾全职在一所顶尖的通识教育导向的天主教大学（乔治城大学）工作一年，然后去了一所开放入学的私立机构威德恩大学（Widener University）。之后十八年，我就职于一所从赠地学院升格为公立研究型大学的机构密歇根州立大学（Michigan State University）。2003 年至今，我成为一所顶尖私立大学（斯坦福大学）的教授。美国高等教育系统非常多样且高度分层，我在其中的职业旅程，有助于我理解它的复杂性。

写到这里，该做些归纳。在市场的驱动下，美国高等教育体系陆续衍生出了四类等级不同的大学。它们依据开放入学程度（底层大学最开放），以及其学位的社会优势（顶尖大学学位最有优势）来划分。但前三类大学也有一点共同之处，即都是把研究型大学作为自己的办学理想。研究型大学的确已成为所有大学的追求目标，尽管大部分大学的辛苦努力只是在做表面文章，远没有成为真正的研究型大学。但是所有机构都想成为哈佛。

三、美国高等教育广泛的政治支持基础

然而，现在我们把重点从教育市场转向教育政治。如果说，美国大学的典型形式不同于欧洲模式的第一个主要特征，是政府赋予它们的相对自主权和对市场的反应能力，那么另一个特征就是美国高等教育所获得的政治支持基础的广度。克拉克·克尔有说服力地指出，美国大学实际上是三种模式的结合：英国本科学院、德国研究型大学和美国赠地学院。[①] 对此，我认为美国大学之所以能成功，不仅仅是这三个元素的组合，还有它们之间的平衡。每一个元素都为整体提供了重要的优势，同时弥补了其他元素带来的劣势。

这三种模式以多种方式影响美国高等教育。在某种程度上，它们代表了系统的不同层级，较低的层级侧重于本科层次的大众教育，顶层侧重于研究生教育和学术研究，中间层侧重于实践教育和应用研究。然而，从另一个角度来看，你能在位居顶层的研究型大学中，发现上述所有这三种元素运作的身影。

本科生院是平民主义（populist）的元素。它为大学带来了大量的本科生，而他们缴纳的学费，从财政上支撑起其他项目的运作。与研究生相比，本科生更能代表社会大众，并且能够支付更多的学费。毕业后，他们的薪资比大多数文理基础学科研究生都

① Kerr 2001, 7-14.

多(大多数专业学院的学生情况会有所不同),给大学捐赠基金的份额最大。然而,本科生的贡献不仅仅是经济层面的,还有政治层面的。从社区中广泛吸收学生,为大学带来了广泛的政治支持基础,大量学生和校友充当着公众和机构之间的纽带。没有大型本科项目,大学很容易显得高高在上,缺失社会支持。大学开展的体育项目强化了这种平民主义的元素,这些项目让大学的校徽和校服成为地方文化的组成部分。

基于这些因素的考虑,美国大学非常善于吸纳本科生入学,并让他们能乐在其中。美国大学鼓励和包容学生们积极参与社交生活,向他们提供各种体育和文化娱乐,为他们构建了舒适的校园生活方式。同时,大学会特意不设置过于狭隘的课程,不对本科生制定要求过高的学习成绩标准。在美国高等教育模式中,为了推动大学事业的不断壮大,为本科生提供健身设施、美食广场、攀岩墙和虚高的课程分数,是必须付出的成本。尽管这种对本科生的务实态度,是导致大学学术氛围被削弱的潜在根源,但它是美国大学优势中特有的核心要素。其关键在于为学生们提供了一种校园体验,引导他们进一步塑造对大学的认同。对学生们来说,学校成为身份的标志、活动的俱乐部、社交的网络和学问的象征。他们自豪地穿上统一颜色的学校制服,在社区中推销上大学的益处,并会在事业有成时,为学校慷慨解囊。

研究型大学是精英主义(elite)的要素,它侧重于为高水平的机构建立学术声誉。这意味着学校要去聘用那些最具学术生产力的研究人员和最受尊敬的学者,吸引最有才能的研究生,并修建最先进的研究设施。这些举措为建立大学的声誉提供了坚实的学术基础，同时也成为决定一所大学排名先后的关键因素。这也使得许多研究型大学并不只是"聚会大学"（party school）。

　　然而，研究型大学这一系列举措也十分昂贵。研究资助和专利有助于降低大部分成本，但这些来源本身，不足以补偿高昂的工资、学费收入匮乏和不菲的研究生支持成本。而且它们往往会随着时间的推移，出现不必要的波动。缴纳学费的本科生和专业学院的学生为大学提供了稳定收入，有助于填补资金空缺和稳定收入波动。另外，拥有学士和专业学位的毕业生，比拥有博士学位的毕业生收入更高，提供的捐赠也更多。同时，大学的研究生项目可能会侵蚀高等教育的广泛政治支持基础。如果没有大学的平民主义成分（主要来自本科生和体育活动），这所精英研究生大学将丧失它在美国普遍享有的广泛公共支持。只有维持这一部分，公民才会认为当地的大学既属于他们，也属于学术界。这有助于解释这样一个悖论，即美国排名前二十的"聚会大学"中有十六所是研究型大学，其中包括六所世界排名前五十的大学。①

　　赠地学院是构建美国高等教育政治的实用主义（practical）要素，它诞生于美国的产物（其近亲是欧洲理工学院），它为复杂组合增加了至关重要的第三种要素——实用性。这有助于大学建立与实际生活的相关性，为解决公共问题作出贡献，支持经济增长以及发挥社区机构的突出作用。实用主义要素有助于支持大学发展，既有合同和赠款的注入，也有公共补贴的政治理由。它

① *Princeton Review* 2014.

让大学向社会传达：我们不仅仅为你的孩子提供带有学术精英主义的博雅本科教育，我们还提供实用的职业技能教育，将学生培养成为专业岗位中的实践人才。此外，我们还在通过广泛的应用研究，解决当地重要的实际问题，这些研究聚焦工业和农业，并努力改善当地生态。例如，赠地学院拥有广泛的县级农业推广机构（county-level agriculture agents），它们将大学研究应用于社区的实际问题（现在已经远远超出了帮助农民的范围），并在全州范围的政治机构中充当选区领导的角色，为身边的研究型大学争取公众支持。还有一个更小的例子：当我在密歇根州立大学教书时，我在我的草坪上种上了斯巴达草籽，它获得了密歇根州立大学的专利。因此，美国大学取得成功的一个秘密是，它有能力吸引平民主义要素和实用主义要素，并将其用于学术研究。与科研学术发表一样，橄榄球和草籽也是其成功的核心。

四、故事背景：欧洲大学的根源

目前，我还只聚焦美国大学。现在我想考察一下美国大学的欧洲祖先。这么做的目的是做些比较，以此进一步理解美国大学。

欧洲最早的大学形成于中世纪，当时的状况极其有利于大学的生存与发展。正如我们看到的那样，其中的 70 所大学一直延续到今天。这意味着，它们一定选择了正确的道路。欧洲大学当初之所以能够成功，很大程度是因为它们在中世纪的两极世界做出了恰当的自我定位。这部分论述，我主要从奥拉夫·佩德森（Olaf Pedersen）的《最早的大学》（*The First Universities*）中获取，这本书是对中世纪大学起源的历史文献的丰富总结。[①] 中世纪存在两大权力中心，即教会与国家，它们控制着当时的财富与公共秩序。大学没有在一棵树上吊死，而是在两极的中间地带生存。一方面，大学利用教会势力使自己免于国王、地方封建主的不当干涉；另一方面，大学又能利用国王和封建主的力量，维持其独立于教皇及主教之外的自主性。此外，中世纪大学还会依靠国家对抗封建主，或向教皇求助，以反对地区主教。中世纪大学就这样逐渐积累自己的法人权力（corporate powers），建立了在教会与国家之间保持自主的教师行业协会（guild of teachers），而不会固守任何一方以至陷入穷途末路。他们不会让外人加入本行业，必要时也会发动罢工。通过身居相互竞争的两极权力的中间地带，借一方力量来对抗另一方，中世纪大学很少受到外界干涉，从而形成了自己的机构建制与传统。由于起点良好，到现代国家出现时，欧洲大学仍可以继续发展，其价值对社会来说依然不可或缺。

威廉·克拉克（William Clark）的《学术领袖魅力与研究型大学的起源》（*Academic Charisma and the Origins of the Research University*）[②]一书，帮助我们理解这个转折点。在该书中，克拉克考察了德国大学从中世纪到现代的演变历程。他从韦伯的三大权威类型——传统（traditional）、理性（rational）和魅力（charismatic）——[③]出发，认为中世纪德国大学依靠的是传统权威，行会中位高权重的教师依照传统制定招生、课程及毕业标准。

---

① Pederson 1997.

② Clark 2006.

③ Weber 1978, 215 - 16.

进入现代早期，由于受到现代国家的理性化立法机制的影响，大学开始发生变化，纷纷采纳国家的科层体制，以应对国家的经济及政治需求，理性化的大学管理架构因此得以形成。克拉克花了很大篇幅，叙述国家权力如何重构传统的大学模式，使教授、课程、学生及学位转向为实现国家的功利主义目标服务。但他还指出，魅力权威在现代大学中重现，表现为现代大学依然注重某个学术领袖的作用，强调学术声誉的价值，进而证明大学乃是研究高深学问的场所。

五、市场与国家之间的自主

基于两部著作的洞见，我想提出理解美国大学的两个参照点。第一个参照点是，中世纪大学有很强的自主性，因为它游走于教会与国家之间。在美国，据我所知，国家的对手，不是教会，而是市场。美国高等教育幸运地在这样的环境中发育成长：国家实力较弱，教会四分五裂。国家和教会都无法确立对新生机构的绝对控制，而市场赋予大学自主运作的可能。

在美国大学的发展过程中，市场为其提供了强大并且有效的力量，以对抗国家的不利干涉，这就像中世纪大学从教会那里得到诸多依靠与保护。在美国，市场始终是对抗国家控制的有效力量。进入现代以来，欧洲大学日益失去自主，这是因为教会权力式微，它臣服于国家不容挑战的法理权力。尽管欧洲大学得以幸存下来，但其自主权及蓬勃的创造力却受到遏制。因为有国家投资，它们在经济上有了保障，无须像美国大学那样，为获得经费而低声下气地乞求学生、赞助人和捐赠者给予资助。依靠政府恩赐，欧洲大学还享有诸多法律赋予的特权。这就解释了为什么欧洲的公立大学享有比私立大学更高的声誉，而在美国一般都是私立大学占据排行榜顶端。（关于这个主题，我将在第六章详细讨论）

但欧洲大学为这些保障，也付出了惨重代价。一旦国家财政紧缩，欧洲大学便会陷入饥荒状态，眼睁睁地看着经费渠道多元的美国大学在政府投资减少时仍可以拥有巨额财富。对欧洲大学来说，它们只能按照教育部制定的方向发展。这与美国大学的情况可谓天壤之别。在美国，政府拨款的比重不大，使得政府只能在有限的范围内干涉大学。多数时候，推动美国大学前进的是学者、管理者及董事会长期以来在适应市场要求的过程中形成的"企业家直觉"（entrepreneurial instincts）。无论面对学生提出的特殊教育需求，还是社会出现的崭新机遇，还是工业、政治及军事领域企图最大程度地借助于大学的科研力量，美国大学都可以迅速做出反应。

六、传统、理性与魅力三种权力模式之间的大学自主

第二个参照点是，传统、理性与魅力三种权力模式共存于现代大学，这一点在美国现代大学中体现得尤其明显。美国大学获得成功的关键因素之一，在于它能将三种权力模式灵活地整合在复杂的大学机构里，而且以一种有趣的方式让它们可以相互支撑。这些元素彼此强化，同时彼此制约，防止由于大学的单一化

和集权化，酿成其中一方压倒其他各方的不利局面。这一多元权力模式为保持大学的内在活力提供了保障，这就像市场与国家同时存在，大学才可以左右逢源。

如克拉克所言，理性化的权力模式重建了中世纪大学；而在现代大学中，其影响也是随处可见，诸如清晰的科层管理架构、商业化的预算机制、专业的经理人队伍和精细的以品行为本的学生入学申请筛选、教员招聘及晋升评价体系。任何一所现代大学都具有这些理性化的权力元素，但美国大学把它提到了更高的层面，因为美国大学更依赖市场，它们必须以高标准来满足市场需要。调整学费及教员薪酬时，美国大学必须根据自己在高等教育体系中所处等级，理性地分析它们现有的或想占取多少市场份额。此外，美国大学还组建了有效的科研管理与市场开拓机构，苦心经营委托人和捐赠者提供的项目与经费，以便实现收益最大化。

不过，在上述理性化机制的背后，美国大学仍有其传统的基础，即中世纪大学的教师行业协会管理模式。在招募教员、晋升、授予终身教职、审批课程时，美国大学仍然看重传统的大学决策仪式，也仍会从学生中挑选学徒教师，以晦涩难解的课题（arcane subjects）来考验他们，并继续将中世纪发明的三种学位授予他们。当初发明这些学位，是为了表明教师协会对于学生的接纳程度。毕业典礼更是按中世纪的程序举行：戴学位帽，穿牧师袍。

这些元素在现代大学也很盛行。而美国大学异常热衷于坚持这些传统规矩，甚至以夸张的方式执行传统的学术权威。也许是因为，这些象征着古老的中世纪文化不是美国本土的产物，从而成为市场中受欢迎的"古董"。19 世纪末美国大学突然兴起仿古热潮，哥特式建筑、中世纪四方院，还有橄榄球、校友日和唱校歌都备受欢迎。这些都是凸显大学学术权威的传统方式。传统就这样成为流行商品，风靡美国高等教育界，而美国恰好又是一个历史遗产稀缺的国家。

接下来将探讨另一种权力模式即学术魅力。克拉克的著作中最吸引人之处是描述现代大学对于学术魅力的狂热追求。与稳定、功能持久的现代科层制度相比，学术魅力通常被看作不稳定、原始的权威形式，其突出特征是个人崇拜（如宗教领袖和旧约先知）。但学术上的个人魅力，却可以在研究型大学中发挥关键作用。韦伯如是定义个人魅力权威："集中于具有圣洁品质、英雄主义行为和卓越人格的个体身上，还包括此类个体揭示、制定的规范与秩序。"[1]这种权威放在现代大学教授的杰出代表身上显然也很合适，戴维·洛奇（David Lodge）及马尔科姆·布拉德伯里（Malcolm Bradbury）对此作过生动刻画。[2]

克拉克认为，研究型大学推崇理想化的学者，大学以作者姓名为单位编制图书馆的书目系统和学术引用规则正是推崇途径之一。通过各种学术奖励、讲座教授席位授予、同行评议制和引文索引等方式来凸显学术影响力，更强化了大学对于学术魅力的向往。为学术天才提供荣耀职位，为在研究领域取得杰出成就的教授塑像，这些同样可以证明大学推崇以学术魅力为基础的权力

---

[1] Weber 1978, 215.

[2] Lodge 1979, 1995; Bradbury 1985, 2000.

模式。韦伯认为现代性不仅冷酷无情，而且不可避免，理性化的力量开启了世界的祛魅进程，它将消解传统权威和领袖魅力的作用。有趣的是，大学虽然是现代机构之一，但现代大学却在设法保留传统权威模式和个人魅力的权威作用，甚至将其制度化，正因为这样，中世纪的传统与个体的学术魅力，仍然在现代大学发挥重要作用。

而这一点，美国大学同样比欧洲大学有更突出的表现。实际上，学术明星体制（academic star system）非常适合市场化取向的美国大学。与大学分为不同等级一样，学术明星体制也将教授分为三六九等并且明码标价，要想得到一流的教授和学术声誉，就必须按价支付薪酬与津贴。在美国文化中，明星教授和杰出的企业经理人一样，都被看成具有特殊才华、能提升机构业绩与声誉的非凡人物。

因此我证明的是，现代大学集合了三种权力模式，但美国大学在实施它们时表现出来的巨大热情，远胜于其他国家的竞争对手。因此，这三种模式在美国大学中的影响更为清楚深刻，它们之间的矛盾表现也更加外显。因此，对于大学是什么、该如何管理大学等问题，美国模式保持了在以上矛盾冲突中的动态平衡。不过，正因为具有这种看似复杂、矛盾的结构，美国大学才得以充满活力。

因此，机构的稳定性和适应性源自大学中各种权力模式的混合：古老与时尚；久远的传统与当代的消费者偏好；理性化程序与个人魅力。美国大学内部权力模式的平衡，与其对政府与市场的平衡，对平民主义、精英主义和实用主义的平衡，都发挥了良好作用。这些元素的融合，保证了大学的弹性，防止其过于僵化，也保证了大学的适应性，防止其过分在意单个目标，还保证了大学总能利用最新机会，防止其被单一权力绑架控制。[1]

那么，上述对美国高等教育系统的解释，可以告诉我们什么呢？在本章中，我从机构特征的角度分析美国高等教育成功的原因，而这里的成功仅指在世界大学排名中的统治地位，以及经费、人力资源和学术吸引力方面的卓越表现。我们考察了美国高等教育体系内部多元和谐的构成元素。正是这个结构特征，使得美国大学在 20 世纪中期，能够充分把握美国财富与权力急速增长带来的发展良机。我们已经看到，这种混合模式的高等教育有其优势。相比于国家模式，它拥有更广泛的政治和经济支持基础，有免于国家控制的自主权，有生产新型知识的更多可能性，能够承担更广泛的社会角色。它使得高等教育系统能够兼顾入学规模扩大和学术质量提升，即便国家投入下降也不受影响。

当然，成功一定是有代价的。美国高等教育的复杂结构——对机构自治的重视，对市场的依赖，对不同政治目标的接纳，以及采取多元权力模式组成的治理机制，这些元素融合在一起，当然会产生一系列的教育与社会问题。对此，我还没有深入展开分析。这一复杂结构导致美国高等教育呈现严重的分化格局，它既维护社会特权，也提供上升机会。上大学的意义，也因此常常表现为出人头地（getting ahead），而非接受教育（getting an

---

[1] 伯顿·克拉克（Burton Clark）认为，美国高等教育体系的核心力量是结构的复杂性，伴有激进的去中心化和联邦化分权的特点。

education)。美国高等教育体系能够缔造成就辉煌的研究型大学,但其代价却是社区学院及地方州立大学得不到优秀生源。在许多方面,顶尖美国大学之所以十分富足且享有巨大学术声誉,很大程度上是因为底层院校的贫弱。

这一复杂结构可以保护美国大学免于外界干涉,限制国家权力,然而美国大学为此却得看主顾的脸色行事。它们太依赖富有的捐赠者们的意愿,浮动的研究拨款,尤其是持续高涨的学生学费。高度分层及依赖市场,会使得学生过于看重获取被社会广为承认的文凭,而不是掌握真正对社会有益的知识,尤其在本科阶段,这一倾向更为明显。此外,美国高等教育还非常不称职,因为那么多的公共及私人经费都被大学用来成就私人目标(private ambition),而不是促进社会公益(public good)。

所以,这也许是一个并不真正成功的高等教育系统,但它肯定有其长处。在之后几章中,我们将分析它如何形成和运作。我们要看看赋予其活力的内在张力,使之更为复杂的矛盾,以及可能杀死它的改革方案。我可以很容易地从批判的视角,聚焦美国高等教育系统的各种失败。但我却选择用赞赏的态度,剖析其独特的机构发展动力。美国高等教育系统的组织复杂性、多样的功能性、支持基础的广泛性,使它令人赞叹。下面让我们正式开始吧。

第二章
毫无希望的起源：
19 世纪杂乱无章的大学系统

美国高等教育的起源，具有非常明显的地方性质。与欧洲大学拥有悠久历史和面向世界的卓越追求不同的是，19 世纪的美国学院则是地方机构。多数情况下，学院的建立乃是出于维护某个宗教教派的教区利益，而非扩展高深学问。在没有官方教会的社会环境中，所有教派都必须为获得影响力、声望和信徒展开竞争，建立学院则是一种传播信仰和占领地盘的实惠方式。当大量人口涌向西部新边境时，更是如此，因为没有教派愿意把新地盘拱手让给竞争者。例如，在俄亥俄州开办一所学院，是扩张教派、培养牧师和传播文化的方式。

此外，建立学院还基于地方发展（civic boosterism）的因素：将某个聚居地包装成主要的文化和商业中心，而非冷清的农场小镇。拥有学院，小城镇可以宣称它有资格成为更有商业价值的地方，如铁路线的站点、县政府所在地，甚至是州府。这样的话，城镇的土地价值将会上涨，主要土地所有者便会获利。在此意义上，19 世纪的学院和美国的普遍发展史类似，其实是土地开发计划的产物。多数学院的建立,都是两种动机的混合,即着眼于教派与其所在城镇的共同利益。有多种资源支持渠道,总好过只有一种。[1]

就这样,全国各地的教会和地方名流,积极争取州政府授予的大学特许状,建立起由当地人士组成的董事会,并委任一名校长(通常是神职人员)。这位校长会在当地租赁一栋建筑,雇用稍有名气的文化人士组成一支小型教师队伍,并担任这个微不足道的教育公司的首席执行官。学院会试图从当地吸引缴纳学费的学生,以便让学院能够持续地经营下去。学院的建立满足了地方和教派的发展需求,其结果就是在19世纪很短的时间内,诞生了大量资金匮乏、规模较小的教派学院。这意味着,其中的大多数学院都在与同行机构的竞争中,艰难地谋求生存。这些学院不得不在市场强大、政府薄弱、教派分立的环境下运作,在没有国家政府和国家教会大力扶持的情况下寻求生存之道,而当时大多数欧洲的大学都享有此两种支持。

在本章中,我将分析美国高等教育在其起源时代,如何形成了高度分散的特征,以及其历史影响。这些学院不仅在空间分布上具有地方性,而且在学术和智性文化方面也具有明显的教派性特点。数量而非质量,是美国高等教育发展的动力。大学供给远超需求所产生的结果就是,单个机构的招生人数都很少,学院不得不竭尽全力地招揽顾客。19世纪晚期,一种更加宽泛且具有社会理性的高等教育发展愿景开始出现,状况随之发生了变化。这

---

[1] Boorstin 1965; Potts 1971; Brown 1995.

种愿景源于德国的研究型大学模式，以及中产阶级对文凭的需求。文凭为学生提供了获得新兴白领职业工作的机会。大量已经存在的学院广泛分布于各个地区，并且有可以运用的基础设施，这使得学生规模扩张更加容易实现。直至此时，美国高等教育系统才最终开始发挥其自身的潜力。也是在那时候，学术研究才开始成为美国学院和大学的核心元素。

一、19世纪美国学院的高速增长和扩散

1790年，在美国建国后的第一个十年时间里，美国已经拥有19所学院和大学。在建国后三十年里，这个数字逐渐增长，到1830年上升至50所，然后开始加速。1850年翻了一番，达到250所；之后十年又翻了一番，达到563所。到1880年，总数达到811所。大学的增长速度远远超过同期的人口增长速度。1790年每百万人口拥有4.9所大学，1880年上升到每百万人口拥有16.1所大学。结果就是，美国在19世纪时拥有了世界上数量最多的学院和大学。[1]

相比之下，英国在19世纪初只有6所学院，到1880年有10所；而法国的大学数量同期则从12所增加到22所。在整个欧洲，同一时期大学的数量从111所增加到了160所。[2] 所以，1880年美国高等教育机构的数量，达到了欧洲所有国家总和的五倍。

---

① Tewksbury 1965, table 1; Collins 1979, table 5.2.
② Rüegg 2004.

为什么在如此短的时间内，在这样一个文化落后的国家，大学的扩张竟如此迅猛？

两个国家层面的因素促进了高等教育的扩张。其中一个源于美国最高法院的判决。1819 年，最高法院裁定新罕布什尔州试图控制达特茅斯学院的行为违宪，认为当州政府向法人授予特许状时，它就无权再干涉该机构的事务。从长远来看，达特茅斯学院案的判决为美国企业法奠定了基础，但它对美国学院的地位产生了即刻的直接影响。它证实了大学董事会不仅有权管理自己的机构，而且还免受政府干预。如果政府有意参与高等教育，就必须建立新的公共机构，而不是重组已有的正在经营的学院。这也就为州立大学的崛起，铺平了道路。同时也刺激了私立大学的急剧增加，这些私立大学也拥有了合法的自主权。

促进高等教育扩张的另一个因素，在于政府没有直接行动参与。尽管始终有支持者的一再努力，但联邦政府却从未真正建立一所国立大学（national university）。尽管美国的国父们赞成这样的举措，乔治·华盛顿（George Washington）对此事格外热心，后来辉格党（Whig）也继续为此努力，但这个方案最终在众多反对中碰壁。建立国立大学的理念，带有贵族制和大政府的特殊色彩，会对现有的州立和私立大学构成威胁，因此建立国立大学的愿景从未实现。假如它实现了，美国高等教育的历史将会走上一条截然不同的道路。一所拥有联邦政府支持的大学，将能够吸引顶尖的教师人才和最优秀的学生。各州的公立大学将无法与之竞争，相比之下，那些边缘的教派学院会显得尤为可怜。而现实是，因为不受政府控制的影响，学院的市场空间变得非常广阔。

美国拥有数量众多大学的另一个原因，在于这些机构绝大多数都有名无实，甚至根本不能称其具有高等教育的资格。事实上，它们很难与美国大量分布的各种各样的高中（high schools）和学园（academies）区分开来。对于学生来说，进入学院（college）还是进入高中，是一个选择性问题；高中并不是学院的生源机构（feeder institution）。高中和学院学生的年龄范围基本重叠。况且，一些高中提供了比许多学院更好的学习项目。例如，1849年宾夕法尼亚州议会授予费城中心高中（Central High School of Philadelphia）给毕业生颁发大学学位的权利，包括文学学士和文学硕士。因私立学院很难与公共资助的高中竞争，所以学院往往建立在高中稀少且远离大城市的地区。在高中机构遍地都是的新英格兰地区，更是如此。[1]

这些学院的规模也很小。1870年联邦政府才开始收集统计数据。在这之前，因机构分布分散且处于边缘地带，很难确定它们的规模甚至数量。科林·伯克（Colin Burke）收集的数据表明，1830年，普通私立文理学院（不包括当时为数不多的州立大学）每年的招生人数为42人，1850年上升到47人。[2] 人数会因地区不同而有所差异。新英格兰地区的学院最早成立，也有最大的人口市场，在1850年平均招生人数是128名。在教育飞速扩张的中西部，每所学院平均只有23名学生。到1880年，高等教育机构平均有131名学生。[3] 1870年，这一年才有教师的相关数据，美

---

① Burke 1982, 67.

② Ibid., computed from tables 1.5 and 2.2.

③ Carter et al. 2006, table Bc523.

国大学平均有教师 10 名;1880 年上升到 14 名。[1] 1870 至 1880 年,美国高等教育机构平均每年授予的学位总数仅为 17 个。[2]

学院不仅规模很小,而且广泛分布在人口稀少的乡村地区。根据伯克(Burke)对美国学院的调查,1850 年,只有 7％的学院位于新英格兰地区,只有 15％的学院位于中大西洋地区,但这两个地区属于当时的人口中心;28％的学院位于西南部,31％的学院在中西部,而中西部则是美国人口最稀少的地区。仅从数字表面看,这种分布模式令人费解。为什么要让学院远离拥有潜在学生客户的人口密集区呢?

学院聚集在人口稀少地区,是我在前文讨论的教派竞争和地方发展因素导致的结果。这些新开发的地区,能提供教派在新领地立足,并把握未来扩张的绝佳机会。当然,竞争也非常激烈。伯克的数据表明,1850 年 87％的私立学院都是教派学院,其中有 21％属于长老会,16％属于循道宗,14％属于浸信会,10％属于天主教,8％属于公理会,7％属于圣公会,其余则分散属于另外七个教派。[3] 此外,这些偏远地区是新兴城镇,迫切需要吸引定居者。因此,地方学院的文化声望被视作吸引定居者的最有利优势。经济富足的城镇不需要为了吸引居民和促进商业发展,而为建立学院编造一个拙劣的借口。总之,我们需要记住的是:学院的建立,并不是为了应对学生的巨大需求。入学人数的增长速度,只比这

---

① Carter et al. 2006, table Bc571.

② U.S. Bureau of the Census 1975, ser. H 751.

③ Burke 1982, table 1.9.

些试图吸引他们的学院的增长速度快了一点点。相反，压力反映在供给方。大学的建立在于满足创办者的宗教和经济需求，这也就很好解释了机构的过剩现象，及其地理位置分布特殊的原因。

从这个意义上说，19世纪的学院是美国历史宏观发展线索中的一个典型案例。从诞生之初一直到20世纪，美国一直是一个土地市场供过于求的国家。联邦政府廉价出售它，还将它大量赠送给各州、铁路企业和农场主。这意味着每一位房产持有者，都成了潜在的房地产投机者。最突出的问题是，当如此多土地可以通过很低的成本甚至免费获得时，如何才能让自己的土地变得有价值呢？和房地产一样，位置决定了一切。如果你不在河边或铁路线上，你就需要靠其他东西来吸引买家。在这种情况下，能够为这块土地提供一所学校，大有益处。要是有一所高中会很好，而最好还是有一所学院。每一种方式都宣告：你所在的城镇是扎根定居、组建家庭和开创事业的最佳场所。学校在美国西部地区的房地产广告中占据显著位置。事实上，正如马修·凯利（Matthew Kelly）为加州所做的那样，学校和房地产价值之间的关联，是设定学区边界的关键原因，以此确保建立一所学校的好处能落到当地土地所有者手中。① 如果你所在的城镇不仅拥有一所学校，还拥有一所学院，而且它还自豪地以该镇的名字命名，那么它真正能向世界宣布，它值得出现在地图上。

思想观念是导致美国学院偏向建立于乡村的另一个重要原因。共和主义理论有抵御城市腐败堕落的悠久传统。共和国需

① Kelly 2015.

要的是由勇敢的公民组成的团结共同体，公民美德保障他们专注于公共利益，并使他们免于产生对个人私利毫无节制的追求。但从古罗马到文艺复兴时期的意大利城邦，共和国的历史都表明，对权力和财富的追求，会破坏共和制社会，从而引发暴政。因此，作为商业中心的城市会把公民们卷入个人利益的竞争，这一竞争必须受到警觉和抵制。出于这个原因，美国的开国元勋们故意将联邦首都从两个最大的城市（纽约和费城）转移到马里兰州一个无人居住的沼泽地带，并在那里建立了哥伦比亚特区。各州通常也将自己的州府，设在像奥尔巴尼和哈里斯堡这样不知名的地方。同样的逻辑，也适用于学院的建立。最好把它建立在远离东海岸贸易和金融中心的田园环境中。在这里，学生们可以专注学业，同时培养良好的品格和精神。这是美国大学校园设计理念的源头：最理想的环境是一堵墙将校园与周围的世界隔开，当你进入一扇大门后，映入眼帘的是修道院式的四方庭院，中间有一片静谧的草坪，适合人们在其中沉思。但 19 世纪的大多数学院都太穷了，它们根本无力实现这一理想。然而，19 世纪末的学院运动（collegiate movement）迅速改变了大学的物质条件，从而使其能够建立起与这种理想模式符合的校园环境。

二、大学创建与生存的困境

这个时期学院的建立，类似于制作香肠的过程，经不起仔细审视。其间充斥着大量的欺骗、盲目的乐观以及太多的粉饰。因为学院建立的动机主要是宗教层面的，几乎没有学校不与宗教产生联系。1834年，非教派属性（nonsectarian university）的纳什维尔大学校长曾抱怨道："毫无疑问，西部大学呈现出过度多元化和教派性特点的主要原因是我们国家教派的多样性。几乎每个教派都有自己的学院，通常每个州至少会有一所。每个州都必须要根据教派的势力范围，不断成立同等数量的学院吗？如果是这样，那么在教派间的相互嫉妒和竞争之下，学院的实用价值和繁荣发展是否也被完全被拒之门外？"[1]

　　学院建立和扩张的另一个主要因素是地方发展（civic boosterism）的理念。[2] 我们可以参考主要代表人物詹姆斯·斯特蒂文特（James Sturtevant）提供的证词。斯特蒂文特是一名耶鲁神学院毕业生，后来搬到了中西部边境地区，他在那里协助建立了伊利诺伊州杰克逊维尔镇，以及当地的伊利诺伊公理会学院。用略带偏见的眼光去回顾19世纪末的那段历史，他讲述道：

> 建立学院的狂热风靡，是土地投机和热情的教派扩张共同作用的结果，而这种的狂热已经蔓延到了整个国家。人们普遍认为，推动一个新城市发展的最可靠的方法之一，就是让它成为一所大学的所在地。如此便很容易能把新城镇最好的地段分配给新大学，用印有精美建筑的图片和"即将建立"的标语装点地图，并诱导一些宗教团体中雄心勃勃的领导人去创建一所属于自己的学院，从而接受土地赠与，接管

---

① Quoted in Boorstin (1965), 154.

② Boorstin (1965) referred to the phenomenon of "the booster college."

一所机构，并保障它们的教派资源。[①]

还有一个例子，是土地投机者和大学创始人杰西·费尔（Jesse Fell）"永不放弃"的事例。作为伊利诺伊州布鲁明顿的重要人物，费尔在刚建立不久的伊利诺伊卫斯理大学董事会任职。当大学决定将其校址定在布鲁明顿，而不是在他拥有大量土地的北布鲁明顿时，他便很快从董事会辞职，转而将注意力放在了吸引投资建立新的联邦赠地学院，也就是未来的伊利诺伊大学（University of Illinois）。但这次他输给了伊利诺伊中央铁路企业所属的厄巴纳城。19世纪中叶，铁路公司获得了大量土地，作为修建铁路的回报，他们对于推动所有土地的城镇发展有着浓厚的兴趣，并把建立大学视为回报城镇的关键举措。但这并没有使费尔放弃努力。相反，他重新将精力集中在吸引投资建立该州的第一所师范学校上，最终他成功地将这所学校建在了北布鲁明顿，后来该校更名为伊利诺伊州立师范学院，后来演变成现在的伊利诺伊州立大学（Illinois State University）。如今的大学校园中还有一座宿舍楼被命名为"费尔楼（Fell Hall）"。[②]

创办一所学院是一回事，维持它的正常运作则是另一回事。如果深入研究19世纪中叶美国各所学院的历史，就会发现一连串悲惨的故事：学生们因为糟糕的食物而造反，教师工资被拖欠，图书馆书籍匮乏，贫穷的校长试图维系整个摇摇欲坠的机构。以

[①] Quoted in Brown (1995), 89.

[②] Brown 1995, 93.

米德尔伯里学院（Middlebury College）为例，它是一所建于1800年的公理会学院，现在已经成为美国首屈一指的博雅学院之一，也被认为是"小常春藤"之一。但在1840年，当它的新校长，一位名叫本杰明·拉伯雷（Benjamin Labaree）的长老会牧师刚来到校园时，摆在他面前的是一所正在挣扎求生的机构。在他担任校长的25年时间中，这种情况似乎并没有得到好转。① 在给董事会的信中，他详细地列出那个时代困扰小型学院校长们的一系列问题。聘用教师每年要花费1 200美元，但他发现学校董事们无法承担该费用，所以他立即着手为学院筹集资金，而这仅仅只是他参与的八个筹款活动中的第一个。他自己捐出1 000美元，并向教师们募集资金。他在信中，对资金的担忧非常明显。他勉力招募教员并支付工资，抵押自家房子来补发拖欠工资，并不断寻求捐赠。为了让寥寥无几且能力不合格的教授们提供完整的大学课程，他的窘境在所难免。所以他一直抱怨不已：

　　先生们，在我同意出任米德尔伯里学院校长时，我完全理解你们学院规模很小的处境，也理解大量的任务要压在校长的肩头——我应该迫切地改善机构的经济收益，无论是出于方便还是出于责任我都需要这么做，这些都自然可以预料。但我没有预料到的是，减轻学院的财政负担的任务，以及寻求书本和建筑捐赠等获取资金的工作和责任，都会落到我的头上。如果我能提前预见到你们对我的这番要求，我根

---

① 本杰明·拉伯雷是我的高祖父。

本不会答应这门差事。①

在来往信件的其中一处，拉伯雷校长罗列了他作为校长必须教授的课程："理性和道德哲学、政治经济学、国际法、基督教证明学（Evidences of Christianity）、文明史。"②

一连串麻烦的关键在于，19世纪这些迅速扩张的美国学院更关心的问题是如何生存，而不是追求卓越的学术成就。与欧洲的情况不同，欧洲大学不多，但可以依靠强大的国家和统一教会的支持，而美国大学必须向四分五裂的小教派和人口稀少的小城镇谋求财政资源和生存合法性。看起来，这可不像是能通向建立世界一流高等教育系统的道路。但是在20世纪，这在美国真的实现了。事实证明，卑微的起源中蕴含了一些核心的元素，它们将保障美国高等教育系统未来的发展，并使之与众不同。

三、卑微学院中的希望之源

到1850年，美国已经拥有了一大批学院，它们构成了一个高度分散的高等教育系统。这个系统的建立缺乏总体规划，呈现出地理分布分散，管理非常地方化的特点，并且缺乏来自教会及政府提供的支持和保障。这些机构中只有一小部分是州政府的产物，它们依赖州政府的拨款。而典型机构通常是小镇上的独立学

---

① Middlebury Alumni Association 1975, 20.
② 同上。

院,它拥有独立的财务和特许状。大多数学院都获得了教派的支持,这为学院赋予了合法性和生源,但教会也只提供了微薄和零星的经济援助。它们不得不依靠学生支付的学费,以及城镇和私人捐赠以谋求生存。学院的冠名权,会以合理的价格出售。它们在竞争非常激烈的高等教育市场体系中生存。市场供给远远超过了需求,这些学院的主要卖点在于:方便的地理位置、宗教包容性、不高的学术要求和相对低廉的学费。关于最后两点,对于学生来说,入学不成问题,退学也不太可能发生,而且费用低得足以让中等收入家庭的孩子能够承受。

到 1850 年,其他新形式的高等教育机构已经在美国出现,包括州立大学(state university)、赠地学院(land-grant college)和师范学校(normal school)。在下一小节中,我将讨论这些新机构形式如何为高等教育系统增添复杂性,并提供发展力量。目前的关键在于,在这些新机构加入美国高等教育系统之前,这个系统的基本模式已然建立。任何新来者,都必须去适应长期以来形塑这一模式的环境。

美国大学系统的核心,是一个由外行董事会任命的强大且富有企业家精神的校长。董事会成员作为机构的受托人,有责任维持机构的财政活力。作为城镇中的公民领袖和神职人员,他们有义务协助学院募集捐款。校长,通常由牧师兼任,是学院的首席执行官。因此,他必须赋予学院学术和智性的声誉,使之在竞争高度激烈的环境下运作。学院生存是每一位校长的第一要务。正如前文提到的米德尔伯里学院,为了学校的生存,校长需要不断努力维持学校财政的正常运转。这意味着,校长必须吸引并留住那些薪资低廉的可靠教师和缴纳学费的学生，为学校筹集捐款，并为许多班级授课。由于没有来自教会或政府的稳定资金来源，这些大学不得不严重依赖学生缴纳的学费。这永远不足以支付所有的账单，所以从地方和教会的捐助者那里筹集资金至关重要，有时大学会向政府申请资金。不过，学费仍然是学院经济生存的基础。

到19世纪50年代，这种竞争环境塑造的高等教育系统成功存活。即便不能说它很强健，但至少它们也在努力实现茁壮发育。它们是精干且具有高度适应性的组织，由极具企业家精神的校长所领导。校长会密切关注着大学在市场中的地位，同时也密切关注着潜在的威胁和机遇。校长、董事会和教师们清楚，他们必须让学生消费者对教育服务感到满意，否则他们会选择到别的镇上大学。如果大学要获得持续不断的捐赠，就必须维系当地支持者、教派赞助者和校友对学院的忠诚。

四、为高等教育系统注入新能力和复杂性

19世纪中期，在一个由众多分散的学院组成的系统中，出现了三种新高等教育机构，它们成为机构数量和入学人数增长的主要来源。它们是州立大学、赠地学院和师范学校。

州立大学。 最早出现的是州立大学。最初，公立和私立机构之间的区分并不明确，因为所有的学校都要从各州政府获取特许状，其中一些私立机构，如在殖民时代早期的哈佛大学，也获得过政府补贴。但之后逐渐出现一种新的机构，它们在州政府的管理

下合法建立，且不隶属于某一特定的教派。第一所这样的机构，是建于 1785 年的佐治亚大学。在 1800 年，共有 5 所这样的大学；到 1830 年，有 12 所；到 1860 年，达到了 21 所。此时，20 个州至少都建立了一所自己的州立大学，而其余 14 个州则还没有州立大学。①

这些机构获得了州政府提供的更多的资金，比私立机构受到更多的政府管控。但除此之外，它们并没有太大的不同。它们的地理位置，有意远离主要人口中心，延续了之前地理分散的模式。这些机构的建立，对城镇领袖们来说是一件大好事。为给城镇带来利益，他们使用了各种手段和计谋。起初，这些州立大学规模都很小，与已有私立大学比起来更是相形见绌。詹姆斯·阿斯特克(James Axtell)发现，在 1880 年 881 所高等教育机构中，只有 26 所机构的招生人数超过 200 人。"阿姆赫斯特学院和威斯康辛大学、弗吉尼亚大学一样多，威廉姆斯学院比康奈尔大学和印第安纳大学多，鲍登学院则接近于约翰·霍普金斯大学、明尼苏达大学的招生规模。耶鲁大学有 687 名学生，比密歇根大学、密苏里大学或纽约城市学院人数要多得多。"②

在某些方面，州立大学与私立大学有着相似之处。这也是由竞争压力所导致的结果。各州谁也不愿在建立州立大学的竞争中落后于其他州。和激励地方城镇和教派建立学院的地方发展理念一样，大学被作为文化、商业和学问的中心，是传递进步公共

---

① Tewksbury 1965, tables 12 and 13.

② Quoted in Thelin 2004b, 90.

政策的灯塔。各州都将建立公立大学，将之作为与其他州展开竞争的方式。这些都有助于州立大学获得政治支持。多数州立大学，是在新英格兰和大西洋的中部各州（纽约州、新泽西州和宾夕法尼亚州）之外发展起来的。而在新英格兰和大西洋中部州中，已有的私立大学已经发挥了相同的职能，并有效地通过游说，阻止了州政府拨款建立州立大学的动议。①

　　赠地学院。赠地学院作为第二类高等教育机构，比州立大学出现得稍晚。这一独特的美国发明，是联邦政府努力推动领土开发和出售公共土地的结果。1787 年的《西北法令》（*The Northwest Ordinance*）要求，在新开发的西北地区（现在的美国中西部）必须划出一块土地，用于支持建设公立学校。这一法令成为新州的标准做法，并被扩展到支持高等教育的建设工作。1796 年至 1861 年间，国会向 17 个新建立的州赠与用于高等教育的土地。② 这些赠地范围，从每个州 46 000 英亩（1 英亩 = 0.004 047 平方千米）到 100 000 英亩不等。州政府被允许出售、出租或捐赠这些土地，用于发展高等教育事业。各州政府之间经常相互效仿，向大学捐赠公共土地，而不是以提供现金拨款的方式支持其发展。

　　起初，这类支持是对高等教育的总体资助，但很快就发展成为另外一种模式，即赠地学院将提供的资助专门用于支持"实用技艺"（the useful art）的特定领域。这种模式被写入极具影响力的《1862 年莫雷尔赠地法案》（*Morrill land Grant Act of 1862*）

---

① In one extreme case, New York did not establish a state university until 1948.

② Tewksbury 1965, 187.

（简称《莫富尔法案》）中，该法案规定土地收益应当用于支持农业、工程、军事科学和采矿等实用项目。一些州的土地赠与法，遵循了《莫雷尔法案》最初的模式，扩展了将资源注入实用教育的渠道。不算1862年之前的赠地机构，依据《莫雷尔法案》建立以及后续建立的赠地机构，数量总计达到了76所。[①] 这些钱中的大部分用于支持已有大学，但通常这些钱会流向新的赠地学院，这些学院通过使用"农业"或"农业和机械"的校名，凸显它们将实用技艺作为重心。

这些赠地学院属于公立机构，但它们与已有的私立学院和州立大学有不同的定位。后者的课程主要是博雅人文科目的传统组合。但赠地学院这种新机构并不为培养神职人员和高级专业人士做准备，而是为学生提供实用技能的培训，以此促进农业和工业的经济增长。在课堂之外，这些机构的教职员工集中精力为本州的农民和工业企业提供支持——发明申请专利，解决机器问题，以及在全州范围内建立农业推广中心。

师范学校。 19世纪中期出现的第三类机构是师范学校。师范学校在诞生之初更加类似于高中，而不是大学。虽然其中许多是私立机构，但大多数是由州政府以及地方市政当局和学区建立的，目的是为公立学校培养教师。1830年至1860年间公立学校的快速普及扩张，以及后来对新教师的需求，推动了建立师范学校的需求。1839年，第一所州立师范学校出现在马萨诸塞州。

---

① National Research Council 1995, table 1.1.

1870 年时共有 39 所，到 1880 年则达到了 76 所。[1] 这些机构最初侧重于将学生培养成为小学教师，他们的学习课程包括教学法和学校核心科目。这些学校发挥着充当教师职业高中的作用。然而在 19 世纪的大部分时间里，它们并不被看作高等教育机构。因此，它们的数据也没有包含在前文提供的高等教育机构的数目之中。

然而，把它们囊括在这里的原因是：在 19 世纪末，这些学校已经开始演变为学院。到 18 世纪 90 年代，其中一些开始发展为"教师学院"（teachers college）并有权向学生授予学士学位。到了 20 世纪 20 年代和 30 年代，他们逐渐在校名中剔除"师范"一词，代之以"州立"的名称。到 20 世纪 60 年代和 70 年代，它们变成了地区性的州立大学。例如，1859 年宾夕法尼亚州建立了一所机构名为米勒斯维尔州立师范学校；1927 年成为米勒斯维尔州立教师学院，1959 年成为米勒斯维尔州立学院，1983 年成为宾夕法尼亚州米勒斯维尔大学。[2] 在这百年发展历程中，这些机构逐渐从培养教师的高中，发展成为提供各种大学学位的地区性州立大学。

由于这种显著发展，师范学校成为美国高等教育系统的组成部分之一。它们的发展历史表明，19 世纪中期建立的高等教育模式，影响了系统的后续发展。如同它们的前身——私立学院、州立大学和赠地学院一样，师范学院大多位于小城镇中，广泛分布于乡村地区，因此它们所处的地理位置能招徕到大量学生。和其

---

[1] Ogren (2005), calculated from app., 370 - 90.

[2] Ogren 2005, app.

他学院一样，师范学校也成为地方发展主义者们争夺的对象，被视为城镇发展的宝贵资源。师范学校的入学和其他学校一样很容易，所需学费也很低。此外，因为它们的数量太多了（密歇根州和明尼苏达州各有4所；加州有8所），这些机构明显比州立大学或赠地学院更分散，且更容易入学。像后两者一样，他们虽然得到政府补贴，但还需依靠学费、捐款和其他收入来源才能维持生存。他们对学生学费的依赖，以及随之而来的吸引和留住学生消费者的需要，解释了他们为何能够如此迅速地升格为大学。因为这些正是学生们所要求的，在他们看来师范学校与其说是一个培训教师的地方，不如说是一种门槛更低的高等教育。因此，如果师范学校拥有授予大学学位的资格，并且提供除师范科目以外的课程，那么它就能满足学生们的寻求向社会上层爬升的需求。

五、1880年美国高等教育系统的优势

到了1880年，美国的高等教育系统变得非常庞大且空间分散，同时还有去中心化的管理和超乎寻常的机构复杂性。这个缺乏规划的系统，在19世纪发育成一个独特的结构，并在之后几十年中不断完善。如前文所述，美国有800多所学院和大学，其机构数量是欧洲所有国家的五倍。它们由不同类型的机构组成，包括私立教派学院和非教派学院、州立大学和赠地学院等。此外，还有76所师范学校，已然走上了成为大学的道路。

当然，大多数学院既没有学术声誉，也没有多大的规模。记住，1880年的美国学院平均只有14名教师和123名学生，授予17

个学位。811 所大学中，只有 26 所的学生数超过 200。但美国高等教育系统有巨大的容纳能力，虽然此时只有一小部分被投入使用——每百万人口中只有 16.1 所大学。可以肯定地说，世界上没有一个国家的高等教育机构与人口的比例，能比 1880 年的美国更高。[1] 这是一个充满希望却没有产出的系统，但它的前景确实非同寻常。让我总结一下美国高等教育系统在供给过剩最严重时体现的优势，这些优势会在即将到来的大学繁荣时代显现。

充足的空间。美国高等教育系统的一个优势在于，它包含容纳入学人数快速扩张所需的几乎所有要素。它有必要的物质基础设施：土地、教室、图书馆、教师办公室、行政大楼等。这种物质基础不是集中在少数人口中心，而是分散在整片大陆的人口稀少的土地之上。它已经有了教职员工和管理人员，以及学习资源、课程设置和赋予学院颁发学位权利的特许状。它有成型的治理结构，以及争取多种收入来源以维系机构发展的生存策略。它已在地方社区和更广泛的宗教社区建立了支持的基础。它所需要的，只有更多的学生而已。

一群顽强的幸存者。希望力量的另一个来源，在于这些五花八门和不起眼的学院和大学在激烈的竞争环境中，成功地通过了达尔文式的自然选择过程。因为它们不需要依靠来自教会和国家提供的稳定支持来解决资金压力，它们已经学会了通过招徕潜在的捐赠者，以及向有能力缴纳学费的潜在学生推销自己，以此谋求生存。从此以后，它们深深扎根于全国各地偏远的城镇之

---

[1] Collins 1979, table 5.2.

中。它们还特别擅长将自己描绘成培养地方领导人的机构，并充当起了所在社区的文化中心角色。学院通常以所在城镇命名，如米德尔伯里学院、米勒斯维尔州立师范学校等。此种与居民和地方城镇的密切认同，成为主要的力量来源。尽管人口和资金严重短缺，但美国学院的数量在19世纪中叶依然有飞速增长。它们在那时艰苦的条件中成功地生存下来，从而可以很好地利用即将到来的下一阶段的优势：比如学生对高等教育需求的增长、新的资金来源出现和鼓励上大学的新理由。

对消费者需求的敏锐。这些学院以市场导向为基础，从来没有享受过稳定拨款的奢侈待遇，所以它们十分擅长满足市场中主要群体的消费需求。尤其是它们必须敏锐觉察潜在学生在大学就读体验中寻求的东西，因为这些消费者支付了学院大部分的开支。如果它们意识到学生想要学习到不同的东西，却依然将传统课程强加于学生，这无异于自我毁灭。因此，当赠地学院越来越受欢迎时，其他学院也迅速采用新的实用课程，避免被挤出市场。即使是公立机构如州立大学和赠地学院，也必须对消费者保持敏感，因为它们的拨款通常是按照招生人数的比例划分的。大学还有强烈的意愿与他们的毕业生建立长期联系，他们成为招徕新学生的主要广告和捐款的最大来源。

适应性强的机构。大学的结构包含了外行董事会（lay board）、强大的校长、偏僻的地理位置和独立的财务，这些要素使其能够成为一个适应性极强的机构。学院可以在不征求教育部长或主教同意的情况下，自主做出改变。校长是学校的首席执行官，他的明确使命是保持学院的生存能力和开辟发展前景。因此，校长们必须善于解读市场趋势，感知需求变化，预判校友和其他赞助者的担忧，防止学院生存受到威胁，并阻止外界入侵他们所在的教育领域。校长必须最大限度地利用地理位置和宗教信仰给学院带来的优势，并迅速把握他们相对于竞争对手在项目、价格和声誉等核心制度问题上的变化。如果没有别的办法，关门大吉是最后的选择。伯克（Burke）估计，在1800年至1850年间有40所文理学院关闭，占总数的17%。[①]

平民主义的角色。 正如我在上一章中所指出的，美国大学是英国本科学院、美国赠地学院和德国研究型大学的综合体。[②] 前两种模式在1880年前就已在美国高等教育系统中扎根，第三种模式则还在建设中。本科学院是平民主义的元素，它吸纳了英国的住宿和乡村学院的经验，并增加了独特的美国元素，向更多的学生开放。这些学院设在全国各地的小城镇，置身于竞争激烈的市场环境，它们更关心生存而不是学术标准。美国高等教育系统呈现出中产阶级特色品位，而不是服务于上流人士。贫困家庭不会送孩子上大学，但是如果普通中产阶级家庭愿意的话，他们还是可以做到的。录取标准低、课程的学术挑战适中、学费实惠，这些因素为学院创造了一个广受欢迎的基础，在很大程度上抵消了

[①] 图克斯伯里（Tewksbury, 1965）认为，失败率远远高于这一点。根据他的计算，1800年至1860年间，在新英格兰以外的16个州，学院的夭折率达到了惊人的81%。然而，伯克（1982）认为，这个比例与实际情况有出入，因为图克斯伯里认为，如果一所学院获得了州政府的许可，那么它就成立了。但这些被列入名单的院校中有许多从未对外开张，其中包含许多高中水平的专科院校，而不是学院。所有这些"关于什么是学院""什么是失败的困惑"凸显了这一时期美国学院发展形势的流动性和不稳定性。

[②] Kerr 2001, 14.

牛津剑桥式的精英主义教育。这类大学亦是社区和教派的延伸，是一个被人熟知的地方象征，是公民自豪感的来源，也是宣传城镇的文化符号。即使没有家庭成员就读于学校，居民也能感觉到学校属于他们。当高等教育入学率开始飙升时，这种平民主义的支持变得非常重要。

实用主义的角色。 美国高等教育模式的另一个主要特点是实用性。正如理查德·霍夫斯塔特（Richard Hofstadter）所指出，美国有着历史悠久的反智主义传统。[①] 相比于玩弄玄思的人，美国人更喜欢能发明实物或赚钱的人。他们羡慕和夸赞的中心人物是发明家，像托马斯·爱迪生（Thomas Edison）和安德鲁·卡内基（Andrew Carnegie）这样的工程师或白手起家的企业家，而不是像威廉·詹姆斯（William James）这样的学术知识分子——他们被认为是"欧洲人"。要知道，这可不是恭维的说法。19世纪中期美国高等教育系统的发展，将实践取向纳入标准模式学院的结构和功能之中。赠地学院的出现，既是这种实用性文化偏好的结果，也是其原因。对实用技艺的重视，被写入了这些机构的基因。美国将培养绅士和知识分子的大学，转变为追求实用的学校，其重点是生产制造和谋求生计，而不是装饰社会典雅身份，也不是探索思想文化的高度。这种模式很受消费者欢迎，并广泛蔓延到系统的其他部分。结果不仅是工程和应用科学这样的学科被纳入课程，而且学院本身也成为商人和政治决策者们的问题解决者。这里传递的信息是："这是你的大学，我们为你工作。我们培

---

① Hofstadter 1962.

养为你们设计桥梁的工程师，教育你们孩子的老师，以及为你们提供食物的农民。我们开发了更好的建筑方法、更好的教科书和更好的农作物。"因此，美国高等教育系统获得了广泛的平民主义支持基础，它成为社区的重要贡献者，甚至赢得了那些子女永远不会进入大学的这一类人的支持。

六、研究型大学的出现：碎片整合

19世纪80年代，当德国研究型大学模式出现在美国教育舞台上时，科尔（Kerr）的三个愿景中的最后一步，即一个属于美国高等教育的时代到来了。在这种新兴模式中，大学是一个从事前沿科学研究的地方，为知识精英们提供研究生水平的教育。研究型大学模式为曾经充满活力而后渐渐式微的欧洲大学，提供了一条走出低迷的道路。美国学者们开始涌向德国，以获得新的研究型学者的"会员卡"（the union card），即哲学博士学位，并借此学习德国大学模式的要素，以便将其带回美国。成立于1876年的约翰·霍普金斯大学是美国第一所依照此模式设计的机构，其他后来者很快跟进（芝加哥大学、克拉克大学、斯坦福大学），而现有机构如今都在争相采纳这种模式。

新研究型大学模式，为美国高等教育系统中过剩的机构建设、低下的学术水平注入了学术声誉：这恰是它一直以来非常缺乏的。美国高等教育系统史上首次开始宣称，自己是高深学问的中心。与此同时，大学收到了大量的入学申请，这也弥补了旧模式的另一个问题——学生的长期短缺。

在下一章中，我将探讨世纪之交研究型大学兴起的原因和影响。我还将展示美国高等教育系统是如何吸纳德国模式中满足自身需求的元素，同时摒弃其他元素，从而使其复杂化并继续生长延伸，而不只是简单地改造。把学术研究挂在招牌上，会使大学更加受人尊敬。19世纪美国高等教育这个特殊结构中的核心要素，则为该系统提供了关键的力量来源，让它能够在20世纪一飞冲天。

第三章

添置顶层与巩固基础：
研究生院为美国高等教育系统加冕（1880—1910）

　　1880年的美国高等教育拥有巨大机遇，也潜藏巨大的风险。这个系统承载着过多的职能。所有的学校设施、教授和项目，都要依靠微薄且不稳定的收入来源来维持。由于缺乏来自政府和教会的可靠资助，其资金源严重依赖学生的学费。尽管入学人数在持续增长，但数量远远不足以支撑当时已存在的约900所学院和类似学院的机构。尽管美国高等教育系统作为一个既受欢迎又实用的机构得到了广泛的支持，但与博物馆、职业学校、学徒培训学校等这类同样实用且受欢迎的机构相比，它又缺乏能够与这些机构区别开来的东西——学术声誉。大学的数量太多了，只有极少数的大学有点儿学术声望，如哈佛大学、耶鲁大学和其他零星几所。它们的规模都太小，以至于不能有效地集中学术人才；并且由于过于分散于乡村地区，这些学院无法成为具有较高知识水平的文化社区。

　　以研究为导向的德国研究型大学模式，成为解决问题的关键。简单来说，它提供了将"高等"属性纳入美国高等教育中的途

径。它给这些教派性的、落后的、地理分散的大学和学院提供了
获得高级学术声誉的方式。学院教授们要获得新的学术学位,即
博士学位。博士学位证明教授们在学术成就上的前沿地位,而评
估他们是否真正立足于前沿,则主要基于他们的研究产出。大学
的研究生院吸引本国接受过最好教育和最具天赋的学生,向他们
传授科学研究的方法和思维习惯,帮助他们实现有效的学术出版
发表。1880 年的美国高等教育的学术结构复杂多样但乏善可陈,
德国模式为美国乃至全世界提供了提升学术地位的可能性。

德国的研究理念给美国高等教育系统带来了希望,但因此也
引发了一些问题。此种模式的大学具有学术精英化的特点,并且
学生的人均学费,比美国以往的任何大学都要高。在美国教育系
统之中,纯粹仿效德国大学的做法是不可取的。德国模式必须要
有强有力的国家支持,否则小众和精英研究生项目将缺乏资金支
持,以及维持其运行所需的政治合法性。因此,这在美国行不通。
在美国,政府对于高等教育的投资依旧只占其支付总成本的一小
部分,而学生的学费对高等教育的生存才至关重要。

因此,美国高等教育系统并没有直接采用德国模式,而是在
现有结构中吸纳了德国模式的部分形式。在约翰·霍普金斯大
学和芝加哥大学等以研究为导向的后起之秀的竞争压力下,最具
雄心壮志、资金最充足、历史最悠久的大学都在寻求建立此种新
模式的主要结构:建立研究生院,聘请拥有博士学位的教授,发展
高水平的研究生教育,招聘具有学术天分的研究生,激励教师增
加研究成果。但当这些大学走上这条道路之时,也没有放弃现有
模式中的元素,因为这些元素对美国高等教育在市场导向的政治

经济环境中生存和繁荣发展至关重要。在这个意义层面上，美国高等教育的发展与建立研究生院没有直接关系，但却和此时学生对本科教育的兴趣与需求激增关联密切。

19世纪90年代，上大学逐渐成为美国中产阶级家庭的必备选择。其中一个因素是传统小企业的急剧衰退，以及新公司经济中管理工作岗位的快速兴起。这意味着中产家庭无法通过让子女接管小企业的方式直接传递社会优势；相反，他们越来越倾向于为他们的孩子提供教育文凭，以便让他们能进入新兴的白领阶层。另一个因素则是19世纪80年代高中入学率的快速增长，这一现象意味着过去把接受高中教育作为身份标识的中产阶级家庭，开始把上大学看作是新的身份标识，以此把自己与日益庞大的高中毕业生大军区分开来。第三个因素是高等教育系统中机构的过剩，这意味着每所大学都要拼命寻求吸引学生的方法。因此在19世纪80年代，美国高等教育创造了20世纪美国大学生活中最熟悉普遍的元素，如兄弟会和姐妹会、橄榄球、舒适的宿舍、仿哥特式风格装饰的中世纪四合院和绿草如茵的校园。这些元素吸引了许多学生选择上大学的道路。这是一个拥有众多元素的集合体，它也在向外界宣传：在这里你可以遇见对的人，获得有价值的知识和技能，带着有用的文凭离开，以一种中产阶级的舒适方式去享受自己的社交生活。大学充满"传统的发明"，到处是从旧世界的古老大学进口而来的"装饰"。在这里你可以实现上述一切传统。

缴纳学费的本科生大量涌入，强化了美国大学长期以来扮演的平民主义角色。上大学对许多年轻的中产阶级男性和女性来说，既充满吸引力又有着实际效用。入学人数的快速增加，引发了同样快速的学费收入增长。大学更加开放多元的新兴生活方式，让毕业生对学校产生更加忠诚的感情，这都成为学校未来可靠和丰裕的捐款来源。新涌入的资金，有助于资助不断扩张的研究生教育，聘请身价看涨的研究型学者。本科生支持着精英主义的学术研究事业，这使大学能够将自己标榜为研究型大学。科学研究和研究生项目的增长，为学校带来了急需的学术声誉，借此也洗刷了它只不过是一所满足社会有闲阶层的社交需求但毫无学术水准的"聚会大学"的坏名声。在精英主义和平民主义元素基础之上，美国高等延续着它的实用功能，开发应用研究和培养高端的劳动力，服务于商业和社会的发展。

让我们回到 1880 年，回到所有这些变化初显端倪的时候，尝试解释为什么会发生这样的转变，以及这个系统是如何突然演变成为 1910 年美国高等教育结构。时至今日，这一结构仍然稳固延续。我们需要考虑变化中的三个主要角色——大学、学生和雇主——所面临的处境。只有大学在形式和内容上做出重大改革，学生能够被吸引涌入大学，雇主们欢迎大学毕业生成为新兴企业的管理人员，教育系统才可能走向繁荣。

第一，什么样的环境，促使这些学院和大学选择变革？为什么这些变革，能融合大学中两种相互矛盾的愿景，即科学研究所代表的学术理想，以及本科生丰富的学院生活和多样的课外活动的社交理想？第二，为什么中产阶级家庭突然将上大学视为一种必要的而非草率的追求？为什么中产阶级的年轻人在 19 世纪的大多数时间中，都觉得大学生身份没有吸引力，而现在却又如此热情地追求它? 从更广泛的角度来看,大学是如何从长期的社会边缘地位,发展成为美国大众文化的核心部分? 第三,为什么企业开始重视并招聘大学毕业生任职于管理岗位? 多年来,企业家一直瞧不起大学生,认为他们都是知识浅薄的书呆子,没有胜任实际工作的能力。相反他们更愿意雇用没有受过多少正规教育的男性从事低水平的工作,使其可以从头开始学习商业知识,一步步从车间工人迈向经理办公室的职位。为什么商界对大学的看法,会发生如此突然的转变?

一、美国高等教育系统结构的演变

正如第二章已述,19 世纪中期的美国高等教育系统面临着状况不佳的窘境,它们缺乏足够的生源和学术声誉。因此,1850 年布朗大学的校长弗朗西斯·韦兰(Francis Wayland)简明地概括了这个问题:"我们创造了一个需求正在不断减少的系统。系统以低于成本的价格向外界出售,甚至免费提供高等教育,不足之处由慈善捐赠进行弥补,但需求依旧在减少。如今我们应该去思考这个系统能否有赢利的可能。"[1]他所讨论的是在大学课程中仍然占据着主导地位的古典课程,尤其是古典语言、中世纪七艺和宗教。这些课程强调学习宗教传统与虔诚信仰,而非现代社会中实用的内容。他谈道:"西点军校这一所学院,在铁路建设方面所

---

[1] Quoted in Rudolph (1962), 220.

做的贡献,要比其他所有的学院加起来要多得多。"[1]

1. 现代课程

内战后的美国大学课程开始走向现代化,变得更加实用。以赠地学院为例,它们的重点是工程和农业,或者其他与毕业生未来可能从事的实际工作相关的科目。立志成为神职人员的学生,在 19 世纪初曾是所有学生中占比最大的群体。此时这一比例却在不断下降,从事法律和医学的学生比例则在不断上升,越来越多的人开始进入商界。[2] 学生入学人数在 19 世纪 40 年代短暂下降后,在 19 世纪 50 年代又迎来上升,并在 19 世纪 60 年代和 70 年代加速增长。到 1869 年,大学学生人数为 63 000 人,1879 年增至 116 000 人,1889 年增至 157 000 人。[3] 随着入学人数的激增和大学机构增长速度放缓,每所学院的平均学生规模快速增长:从 1850 年的 47 人上升到 1880 年的 131 人,1890 年的 157 人,1900 年的 243 人,1910 年的 372 人。入学人数的急剧增长,有助于让生存艰难的学院恢复活力。

产生变化的一个原因,是学院向实用课程靠拢,这使上大学看起来更像是对未来职业生涯发展有益的投资。另一个原因,则是此时选修制度的兴起。哈佛大学在 1869 年开创了新趋势,即取消原有的必修课程,允许学生在填写学习计划时,从一系列课

[1]　Quoted in Rudolph (1962), 238.

[2]　Burke 1982, 154, 186, table 4.5.

[3]　Carter et al. 2006, table Bc523.

程中自主选择。同年，哈佛大学也不再用品行和学业综合计算学生的排名，而是选择只根据学生的学术表现，给他们打分。第一个变化使大学对教育消费者更有吸引力。第二个变化强化了消费者导向，与其说大学是塑造你，养成你的品行，不如说大学是为你服务，传授给你有用的认知技能。这两项政策，很快就在整个高等教育系统中推广。最初是被有能力满足选修课程要求和规模较大的公立和私立机构采用，随后逐渐开始向规模较小的学校扩散。①

做出这些改变的大学校长，未必是为了取悦教育消费者。如哈佛大学校长查尔斯·W·艾略特（Charles W. Eliot）认为，这些变化是对知识专业化浪潮的回应，在新型大学中帮助学生抛弃过去狭隘的核心课程。不管是有意还是无意，它们确实让大学吸引了更多学生。其他大学也竞相模仿这些变化，以便在激烈的教育市场中保持竞争力。这些课程改革似乎解决了韦兰德对19世纪中叶学院模式的抱怨，但它并没有解决美国高等教育系统面临的另一个主要问题，即学术声誉的欠缺。况且，取消课程要求，让学生更加愉快地学习，这样的做法很有可能预示着学术标准的下降。选修课程意味着学生在制定标准，而不是学院在制定标准。这可能会让大学更像百货商店，而不是学术殿堂。

2. 增设研究生院，兼顾本科教育

这一时期的美国高等教育系统通过引进德国研究型大学的

---

① Rudolph 1962.

元素解决学术声誉的问题。在 19 世纪，德国依据科学研究和高深学术的理想，重塑了庞大但落后的大学系统。它最早将博士学位作为高水平研究型学习的文凭证书，并且让博士学位成为获得教授职位的入场券。美国教育家们痴迷于德国大学的理念愿景。19 世纪 70—80 年代，他们时常到德国大学深造和朝圣，学习德国的教育系统，并拿到德国大学的博士学位。成立于 1876 年的约翰·霍普金斯大学，是第一个仿效德国模式的美国大学，克拉克大学(1887)则是第二个。两者近乎完全照搬德国模式——保持很小的规模，把工作重点放在研究工作和研究生教育。然而，这种做法并不是美国高等教育的标准模式。大多数美国机构都是在规模庞大且不断扩张的本科生基础之上，增设研究生院，以此方式实现研究型大学的转型。1904 年，美国共有 15 所领先的研究型大学：加州伯克利大学、芝加哥大学、哥伦比亚大学、康奈尔大学、哈佛大学、约翰·霍普金斯大学、伊利诺伊大学、密歇根大学、明尼苏达大学、麻省理工学院、宾夕法尼亚大学、普林斯顿大学、斯坦福大学、威斯康星大学和耶鲁大学——其中包含了五所私立大学、五所综合性私立大学和五所大型公立大学。这些精英学校也是全国规模最大的大学。1904 年，这几所精英学校的入学人数就占据了全美入学人数的 22%。[1]

　　值得注意的是克拉克大学，它已经从这份精英学校名单上消失了，这是这段历史的关键细节。问题就在于，德国模式并不能很好地适应美国的环境。因此，那些试图盲目照搬的人遭遇到了

---

① Geiger 2004a, 270.

麻烦。克拉克大学因为坚持只办研究生教育，只有有限的招生人数和微薄的财源收入，它只能挣扎求生。约翰·霍普金斯大学也不情愿地将本科教育保留在内，几位校长曾试图清除本科教育，但市场竞争最终迫使它们选择保留较小规模的本科教育。事实证明，如果没有一系列强有力的本科教育项目，美国大学就无法繁荣发展，甚至不可能生存。

　　充足的本科生源，甚至在各种最具研究导向性的美国大学中，都发挥着各种重要的作用。建立研究型大学的方案花费巨大，它涉及小班教学、高水平学者交流，以及为教授的研究经费买单。直到第二次世界大战后，联邦政府经费才开始成为研究资金的主要来源。20世纪初，研究经费大多来自私人捐赠和基金会的少量资金。因此20世纪上半叶的大学，不得不从内部挖掘资金来源，以此补贴研究。[①] 大量的本科生缴纳的学费支撑着全部事业。即使在学费较低，甚至完全免费的公立大学，本科生也用处巨大，因为政府拨款份额根据入学人数进行分配。招收更多的本科生，证明了聘用更多教授的做法是合理的，特别是在选修制不断普及的新时代。大型本科教学班，还需要雇用众多研究生担任助教岗位。由此，美国大学的中心原则之一——交叉补贴（cross subsidy）就这样诞生了。这个原则一直延续到了今天。在美国大学模式中，学校的每个教学和研究项目，都不需要有自己专门的收入来源作为支撑；取而代之的是，大学通过调配内部资源保持着各部门运转，形成了局部依赖整体的模式。

---

① 关于来自私人捐赠和基金会的资金，见 Geiger（2004a），77 - 93。

然而在美国新型研究型大学中，本科生不仅仅承担着提供学费和获得财政拨款的任务，他们还成为大学未来主要的捐赠者。那时和现在一样，与博士生相比，本科生步入了收入更为可观的行业。他们成为经理和专业人士，相比研究生院的研究人员能够挣得更多，积累更多的财富。这些校友为大学捐款，并且购买校园新建筑的冠名权。在 19 世纪，美国的学院已经非常善于从自己的毕业生校友那里，获取支持事业发展所需的资金。这在 19 世纪末大学增加研究生院这类昂贵的顶层结构的过程中更加重要。

本科生还为研究型大学的美国模式贡献了另外一个更重要的因素，即广泛的政治支持。因为拥有国家的稳定资助，德国大学可以专注高深研究和高水平的研究生教育。但是类似的精英主义气质，对美国大学来说很危险。为了消除在 20 世纪之前落下的学术平庸的不良声誉，美国大学需要将自己浸润于象征学问的研究和高层次教育之中。但它们的做法，也不能远离公众或脱离社区的真实生活。它们需要在不背弃平民主义或实用主义者的条件下，将精英主义元素融入高等教育的项目之中。20 世纪初涌现的美国研究型大学重视本科教育，承担着高深学术研究职责，除此之外还仍旧维系着公众对大学的良好印象和吸引力。

3. 系统的新形态

至 1910 年，新的研究型大学的所有核心要素都已稳固确立。最顶层仍然是一个由非专业人士组成的董事会。但现在董事会的成员已经从神职人员转移到了商人和专业人士身上。在 1860

年至 1910 年这 50 年间，私立大学董事会中神职人员的比例从
39％下降到 17％，而商业、法律和金融行业的董事会成员的比例
上升到 68％，其中只有 9％是教育者。在公立大学中，神职人员
在董事会中的比例从未如此之高。因此至 1910 年，商人已经取
代律师成为董事会中最大的职业群体；商业、法律和银行业占会
员的 81％，教育者则只有 7％。[①]

　　雇用的新教员需要拥有博士学位，雇佣标准的建议和决定权
来自大学内部一个新的组织单位——学系（disciplinary department）。
学系的崛起既是大学规模不断扩大的标志，也标志大学对知识专
业化的日益重视。只有本领域内的专家，才能判断教师候选人和
教学计划的质量，因此学系在聘用教师和教学项目方面发挥了主
导作用，这导致大学权力的分散。这些教师被期待从事研究工
作，所以一系列实验室、专业研究期刊和专业组织等研究机构成
立，作为支持研究的制度化条件。本科生的讲座课（lectures），研
究生的研讨会（seminar），成为教学主要方式。

　　这些新大学的另一个特点在于，它们在美国学术和专业世界
中占据核心地位。它不仅仅是提供高深知识证书的机构，实际上
也是提供可靠的获得这种专业认证的唯一场所。它通过为未来
专业人士提供教育培训的方式，承担专业认证的角色。直到 20
世纪初之前，进入某个职业的主要途径还是学徒制。学生将在一
段时间内担任律师或医生的助手，直到他被认为已经做好了足够

---

① Barrow (1990), tables 2. 1 and 2. 2 These samples include both colleges and research
　universities.

走上工作岗位的准备。想成为医生和律师的人通常会选择进入学校,有些人会进入没有取得合法资格,但事实上存在的医学院或法学院,它们大多是独立于大学之外的机构,几乎没有任何学术标准。但到1910年,促成专业教育与大学合并的动力越来越大。只有大学才具有科学权威和教育资格,能够为专业人士生涯发展提供强有力的跳板。甚至连师范这类声望不高的专业也被大学吸引,于是高中水平的师范学校,开始升格为教师学院,而教师学院之后又逐渐升格为地区性的州立大学。

研究型大学模式为美国高等教育系统贡献的最后一个新元素,是等级制度。新结构以两种相关联的方式引入了等级制度,它既跨越了全部教育系统,同时也在高等教育领域内。第一种方式是创造一个清晰的教育等级阶梯,每个阶梯都有自己的制度形式。高中为本科生学院提供生源,本科生院又为研究生院和专业学院提供生源。因此,高中失去了与学院竞争的能力,但作为回报,它们赢得了作为学院唯一生源机构的地位。此外,在新的分层结构中,本科生院地位要低于研究生院,但它也垄断了学生升入研究生和专业学院的唯一渠道。与此结构平行的是学术文凭的等级制度,从高中文凭到学士学位,再到硕士学位或专业学位,再到博士学位。

第二种方式是将各种高等教育机构统整起来进行排名。以前,不同的大学按照形式平等的条件运作。它们在地理位置上相互隔绝,只对本地市场开放,因此没有什么相互影响和竞争,也没有建立排名的需要。但是此时一个清晰的分层结构已经清晰可见。位居前列的是研究型大学,它们垄断了研究生教育,在学术声望和研究产出方面，也处于领先地位。其次是本科院校，提供学士学位，包括大多数公立、私立学院和大学，还有赠地学院。第三层是师范学院，它们刚刚获得高等教育地位。第四层是初级学院（junior college），它也是刚进入高等教育市场的新手，提供四年本科教育的前两年，它也有可能升格至四年制学院或半专业学院。

这就是 20 世纪初研究型大学出现后，美国高等教育形成的新结构。它建立在 19 世纪的旧有结构之上，但这个过程创造了一个合理化的分层系统，并一直延续到了今天。它利用了旧结构的优势——适应性、广泛的政治和财政支持来源以及消费者导向——同时增加了学术质量声誉，以及它对社会和个人效用的承诺。这个系统保证了美国高等教育在 20 世纪取得了辉煌惊人的进步和不断攀升的成就。

但在 1910 年，美国高等教育系统所呈现的更多只是希望，而非最终的成就。各种元素已经具备，结构都已到位，但其潜力却还远未被开发。研究型大学的状况更是如此。在 951 所高等教育机构中，只有 15 所左右的机构可以称得上研究型大学。但即便是这 15 所大学，研究工作仍属边缘。美国只有 1 000 名研究生，占据大学入学总人数的 2%，其中大多数是自然科学。[①] 即使在研究型大学，本科教育仍然非常重要。本科学院的教师学术成果产出率不高，因为研究资金短缺，研究专业知识匮乏，大多数教师仍然没有博士学位。在其他高等教育机构，研究甚至压根不存在。从许多方面来看，直到第二次世界大战时，研究才真正成为

----

① U.S. Bureau of the Census 1975, H 709.

大学的一项主要事业。这种滞后，证明这本书的一个中心观点——美国高等教育系统擅长在需要产生之前，就建立起一个迎接它的结构和空间，并且总有办法去充分地利用它们。

此时美国高等教育系统为研究生教育和高深研究提供的实际保障有限。一些评论人士自然会发现，与德国模式相比，美国研究型大学表现糟糕。从德国视角来看，美国人搞砸了这一切。他们让本科教育挤压并破坏研究生教育；他们强迫教授承担过重的教学任务，尤其是为本科生上课；他们所做的研究太过于关注实际问题，而不是像德国理念那样，追求非功利的纯粹研究目的。最尖锐的批评来自亚伯拉罕·弗莱克斯纳（Abraham Flexner），他在创建美国研究型大学方面发挥了重要作用。1910年，他为卡内基教学促进基金会撰写了一份极具影响力的研究报告。报告抨击了独立医学院的旧模式，并强烈支持将医学教育纳入研究型大学，以此赋予医学专业以研究基础和大学声望。但在1930年，他撰写了另一本书，抨击美国大学未能完成使命。他的理想是德国大学，他眼中理想的美国模式是曾经的约翰·霍普金斯大学，他曾于1884年在这里获得博士学位。在这本书前半部，他概述了自己的观点："我将要讨论的伟大的美国大学由三个部分组成：招收青年男女们的中学和学院；面向高层次学生的研究生院和专业学院；面向公众的'服务站'。三个部分之间的区分并不明确：学院会与'服务'站重叠，与研究生院也部分重叠；研究生院某种程度上既是本科学院，又是职业学校，也是大学级别的机构。"[1]

---

[1] Flexner 1930, 45.

在他看来，唯一能让一所机构达到"大学级别"的条件是纯粹的研究生院——教授们在其中从事研究，培养未来将成为下一代研究人员或高级专业人士的高层次研究生。对他来说，本科教育与高中教育差不多，太消耗教师学者的精力。因此，为了避免影响研究事业，本科教育应该和研究生院分离。在专业学院中，只有医学和法律专业才值得被列入其中；教育学院和类似的学院只不过是职业学校，应该被排除在大学之外。简而言之，他为美国高等教育系统在 20 世纪初所走的独特道路感到悲哀。但这条道路引领着美国高等教育发展，直至它在 20 世纪 60 年代成为世界模仿的榜样。在美国高等教育的黄金时代，曾担任加州大学校长的克拉克·克尔（Clark Kerr）对弗莱克斯纳的观点提出了精辟的批评："美国大学搞砸了一切——本科教学、专业学院（除了法律和医学）、社会服务、职业课程、推广工作。它们做了所有错误的事情——但它们也走进了最辉煌的时代。"[1]

二、学生开始拥抱大学生活

如前所述，美国高等教育系统在 19 世纪末经历了一场变革。学术质量糟糕、建设过剩的高等教育系统，需要学术声誉和更多学生。至 1910 年，两者都已具备。在前面的叙述中，我们看到了研究型大学模式如何为长期遭受欧洲访问者们嘲笑的美国高等教育系统带来了学术声誉。但我们尚不清楚，为系统添加顶层结

---

[1] Kerr 1968, xvii.

构,是如何让大学对学生产生了更强的吸引力。前文已经论述过的一个因素是,大学试图使课程更符合消费者需求。通过从强调"死语言"和宗教虔诚的传统古典课程,转变为更注重生活中有用技能和当代语言的现代课程,美国高等教育系统第一次证明了上大学的用处。高中和赠地学院都为这些变化铺平了道路,竞争迫使系统中的其他部分也随之改变。这是一个开始,但它仍然没有完全解释19世纪和20世纪之交的中产阶级家庭为何迅速转变,将上大学视为自家子弟的基本需求。

　　答案是:此时一系列因素汇聚,使大学成为中产阶级家庭代际传递社会地位优势的主要手段。大学文凭突然变成了通向中产阶级白领工作的渠道。下面我将分析这一时期中产阶级面临的职业和教育状况,展示并探究这一变化是如何发生的。在接下来的一节内容中,我探讨了就业市场的另一部分:雇主们为何开始青睐雇用大学生?

1. 打造新的中产阶级

　　随着19世纪80年代新大学模式的兴起,上大学变得越来越受欢迎。与此同时,大学校园中的老式中产阶级面临的社会压力也在急剧增加。在18世纪和19世纪的大部分时间里,如果你要在美国成为中产阶级,有点自己的小生意就可以。富人们拥有大型企业,如银行、贸易公司或者种植园。中产阶层拥有一个农场或商店,自家人打点,顶多聘用几个工人。他们在小镇里拥有一个杂货店或一个小手工作坊。这就是传统的中产阶级小店主,而获得这种地位的入场券便是学徒制。一个家庭会把自己的儿子介绍给一个印刷商、鞋匠或店主，这位年轻人会和店主居住在一起，学习手艺，在商店里生活和工作，把技艺提升到熟练工人的地位。运气好的话，他日后能建立自己的小店，并且雇用自己的学徒和熟练工人。在这种情况下，你的社会地位建立在自家小店的基础上，而你通过让自己的儿子接管企业的方式，将这一地位传给了他们。

19 世纪 20、30 年代的美国市场革命扰乱了传统秩序。廉价交通（运河和收费公路）的兴起，意味着镇上的商店必须经受来自其他小镇零售商和生产商的竞争，哪怕是他们在遥远的另一座城镇。这种竞争会迫使生产者降低成本，提高生产效率，结果就是 19 世纪工资和物价的大幅下降。在这种情况下，雇主无法再维系稳定的内部劳动力，必须以最低时薪雇用员工，并在生意萧条时让他们离开。当规模效益得到了回报，企业规模就开始扩大。越来越多的学徒成为缺乏技能的廉价劳动力，没有晋升的途径。小店主只能变成大企业商人才能生存。简言之，传统的中产阶级正在逐渐消失。[1]

19 世纪 80 年代，这一进程加速。企业合并，加上蒸汽动力的出现，使生产被越来越多地转移到大型工厂之中，小型零售店被新兴的大型百货商店排挤出局。中产阶级，如果他们还没有滑落到工人阶级的行列，也没有升格成为大企业主，会发现没有一个可以传给自己孩子的小店。对于下一代中产阶级来说，他们最有前途的生活出路，就是成为大型制造公司或政府科层体系中的新

---

① Johnson 1978; Sellers 1991.

型白领。

2. 专业主义文化

这些中产阶级家庭面临的问题是,如何才能确保白领工作不只是一个拥有着更干净工作场所的"无产阶级"。大学此时发挥了关键作用,成为防止中产阶级家庭"无产阶级化"的保险单。伯顿·布莱斯坦(Burton Bledstein)在他那本引人入胜的《职业主义文化:美国的中产阶级和高等教育的发展》(*The Culture of Professionalism : The Middle Class and the Development of Higher Education in America*)中解释了这一过程。他的观点是:你追求的不是工作(job),而是专业(profession)。成为一名专业人士,可以使你免受向更低社会阶层滑落的影响,并赋予你自主权与权威,保证你在社会中向上流动的可能。专业地位的合法性,建立在通过个人贤能品质获得的专业知识的基础之上。提供这种专业知识,并证明个人贤能品质的机构就是大学。布莱顿如是说:"总的来说,美国大学的存在,是为了服务和促进社会中的专业权威。在过去的 19 世纪中,美国高等教育的发展使美国人比任何其他西方国家,都更加信奉贤能品质、能力、纪律和管理,这些都被公认为是取得成就和获得成功的基石。"[1]

19 世纪 80 年代,专业主义进入美国社会生活。仅在那十年间,美国就成立了至少 16 个专业协会,涵盖了从化学到政治学等专业。大学专业学院的学生数量也在大幅增加,其中 9.88% 在牙

---

[1] Bledstein 1976, x.

科，14.2％在医学，24.9％在法律。[1] 事实证明，在市场经济中每个人都赞成竞争，但没有人想亲身经历竞争。因此，企业家将大公司建构为一个对抗自由市场的阴谋（尽可能地遏制和控制来自其他企业的竞争）。而雇员们建构的专业主义，也是为了将其他劳动力排除在外。但在民主国家，想要获得免于普通劳动的特权，必须要有强有力的理由。"与其他类型的社会相比，民主社会更需要具备权威可信度和说服力的象征符号，让大多数人可以相信这些符号象征是公正且正当的。美国学校的职能，就是以诉诸"科学"的普遍性和客观性的方式，赋予中产阶级身份的合法性。"[2] 随着研究型大学的兴起，科学已经牢牢地扎根于高等教育。

专业主义文化远远超出了传统高级专业（法律、医学、神职等）的范围，延伸到白领工作的新领域——在公司、商店和政府机构中担任管理角色。专业主义理念在于为这些岗位赋予相同的专业特性，如自主权、专业技能的认证和唯才是举。拥有大学学位，是将这些岗位与成熟专业联系起来，并赋予它们权威性的重要因素。

还有一个因素也加强了高等教育在赋予中产阶级地位过程中的影响。自 19 世纪 20 年代公共学校出现以来，美国的小学入学率一直在稳步增长，而高中入学率却仍然很低。根据人口调查数据显示，在 1910 年，25 岁的美国人平均接受了 8 年时间的教

---

① Ibid., 86；Kett 1977, 154.

② Bledstein 1976, x.

育。这意味着在 19 世纪末,小学教育已经饱和。[1] 在 19 世纪大部分时间里,高中一直是中产阶级家庭独占的领域。但是在最近的几十年里,高中入学人数开始扩大,其中包括了大量的工人阶级学生。在支持者增加和受教育机会扩张的压力之下,学区开始建造新高中,结果就是高中入学人数急剧增加。从 1890 年到第二次世界大战期间,入学人数每十年翻了一番。对于以高中教育为基础的传统中产阶级来说,这股新的入学潮流,降低了高中文凭曾经能提供的排他性。在这种情况下,上大学越来越具有吸引力,因为它已经塑造出具有教育优势的新领域,并为其披上了专业人士的外衣,从而使自己与众不同。[2]

3. 校园生活中日益增长的诱惑

因此,随着 19 世纪末高等教育系统的地位提升,为了获得一份好的中产阶级工作,消费者对大学学位的需求日益增长。上大学成为中产阶级青年的实际需求,也成为一种令人愉悦的追求。回想一下 1880 年美国大学面临的窘境,当时大学与人口的比例处于历史峰值。每百万人口的大学数量,从 1850 年的 5.2 个上升到 1880 年的 16.1 个,然后在 1920 年下降到 9.8 个。[3] 在这种情况下,一所大学的生存,取决于它能否在竞争异常激烈的市场中吸引更多学生。正如前文所述,它们通过放弃课程要求,将课

---

[1] For census data on average years of schooling, see NCES (1993), table 5.

[2] We'll examine this process in more detail in chapter 5.

[3] Collins 1979, table 5.2.

程转向更实用的技能和知识，促使它们的产品更亲近消费者。与此同时，它们还试图让大学生活变得更有吸引力，或者更准确地说，它们满足了学生对于上大学的额外期待。这个期待就是，上大学不仅是获得好工作的途径，而且还应该是一种愉快的社会经历。还未入学的学生们会热切期盼，入学的学生们会陶醉其中，而校友们则会在多年后怀念。19世纪末的美国大学，已经成为实现这个期待的理想之地。

在19世纪最后20年，美国大学校园里涌现出一系列本科生课外活动，这些活动在当今校园生活中仍然存在。主要有满足学生社交生活的兄弟会和姐妹会；各种各样的俱乐部；组织学生参与的课外活动校园组织；当然还有校际体育比赛。当学生进入大学校园，他们发现了一大堆五花八门的学生活动，这些活动独立于大学官方的学习制度体系，甚至与之冲突。校园生活就是要融入这些活动。对大多数学生来说，这种经历才叫作读大学。

校园生活的核心是橄榄球比赛。1869年，第一场校际橄榄球赛在普林斯顿大学和罗格斯大学之间举行。19世纪80年代初，耶鲁大学的前运动员沃尔特·坎普（Walter Camp）修改了这项运动的规则，赋予它被今天人们熟悉的比赛形式后，它才得以在大学校园里落脚。自此，它以惊人的速度在大学校园里传播。校际比赛的组织，将彼此孤立的机构结成一个体育联盟。到1915年，有263所大学在互相比拼橄榄球![1] 这项运动成为学生社交生活的中心。在19世纪中期，大学里的体育运动规模很小，但当时的

---

① Camp 1915, 296 - 304.

焦点是大学内部不同年级之间的竞争，比如大三学生与大四学生的竞争。但现在的焦点是，在球场上努力击败作为竞争对手的其他大学，这促使学生和校友团结起来支持母校，并与之建立起密切的联系。随着橄榄球运动的兴起，越来越多事物成为现在为人熟知的大学校园元素，如运动衫、比赛加油歌曲、啦啦队、校庆日、返校日以及自豪地穿上代表学校颜色的衣服的传统。

橄榄球校级比赛兴起的另一个结果是，长期以来默默无闻的大学，成为大众流行文化的一部分。校际体育竞赛成为体育新闻的主要板块，它们有助于提升大学机构的平民主义形象，否则这个机构很容易被视为过分精英主义。因为上大学成为美国中产阶级生活的核心，大学生活也开始成为杂志文章的主题和流行小说的故事背景。对于大学的管理者来说，这一变化是建立积极社会公共关系的巨大机遇。他们如今意识到，他们在经营的是一个既有学术声誉又有公众吸引力的机构，还能为学生提供既能找到好工作又能玩得开心的生活方式。19世纪混乱且声名狼藉的高等教育系统，现在已经成为深入美国中产阶级生活，并广受欢迎和享有声望的机构。

三、雇主重视大学生

现在，我们可以理解为什么许多中产阶级学生选择上大学，因为这样做既有经济效益，又有社交乐趣。但这并不能解释为什么雇主愿意雇用他们。在19世纪的大部分时间里，雇主们事实上一直在鄙视大学生，认为大学经历使它们丧失了努力工作的能力。安德鲁·卡内基（Andrew Carnegie）是主要的批评者之一：
"以我自己的经验，我可以说，我认识的从事商业的年轻人中，大
多没有受过大学教育的毒害。如果不读大学，而去从事积极的工
作，他们会成为真正意义上受过良好教育的人。热情与活力已经
从他们（大学生）身上消失了，如何过无所事事的生活而不是有用
的生活，反而成为他们考虑的主要问题。"①然而到 20 世纪初，卡
内基和其他企业领导人却已经成为大学的主要支持者，并且开始
倾向于雇用大学毕业生担任企业的管理岗位。这又是怎么回
事呢？

　　正如大卫·布朗（David Brown）所解释的，在 19 世纪末这些
企业领导人意识到，大学或许为解决他们必须面对的重要组织难
题提供了解决方案。②"在这一时期，公司制成为管理大型商业企
业的组织形式。在大企业中出现了这样一种状况：企业主的个人
管理范围有限，必须通过理性化改革，建立起了行政管理的官僚
科层制。像卡内基这样的企业家，现在也不得不依靠大量的管理
人员，让他们以一种既能合格完成任务，又符合公司利益的方式
处理公司事务。要找出哪些潜在员工能够同时满足这两个标准，
并不容易。在一家小型公司，新人可以从车间开始一步步往上
爬，展示他的技能和忠诚。但对于一家需要雇用数百名经理才能
满足其管理需求的大型企业来说，这并不是一个切实可行的
模式。

---

① Quoted in Ris (2014).
② Brown 1995, chap. 6.

　　布朗认为，大学经历提供了优秀管理者所需要的两个要素。管理官僚科层体系所需的技能不仅仅是技术层面的，在某种意义上说，还需要了解有关如何塑造团体的具体知识。这些员工不是计量学家和工程师，而是经理。它们需要语言和认知分析的普遍能力，帮助他们应对复杂的组织环境。19世纪末的新大学，提供的就是和管理公司类似的社会环境。作为一名大学生，意味着他要在一群中产阶级同龄人群体中完成社会化的过程，他也将从事管理和专业工作视作自己的天生使命，而大学生活经历也将帮助他在以后的工作中培养人际交往能力和领导能力。此外，公司还需要雇用值得信赖的、遵守组织规范的经理人。那么为什么不雇用大学生呢？他们已经习惯了大学生活的规范，而且会维系对大学的忠诚。

　　正如布朗指出的那样，这些品质源自大学经历，但不一定源自正式的学术课程。伊森·里斯(Ethan Ris)进一步探讨了这一点，他认为19世纪末美国大学的课外活动，为未来管理者们提供了在工作中需要的技能和忠诚。[1]他特别注意到学生在大学里掌握的三项技能，不论是当时还是现在，这些技能一直都是管理工作的核心技能。一个是自我管理的能力。学生们需要完成课程作业，然后有大量的空间和时间做自己的事情。他们会根据需要寻求帮助，但不会受到过分严格的监督，这就和管理工作相类似。第二个技能是熟悉等级制度。学生们要学习如何在大学复杂且往往不透明的结构中生存。不论是过去还是现在，大学一直都是

---

① Ris 2016.

多层级的系统——从大一到大四；助教到全职教授；教职工、系主任、院长、教务长、校长。理解等级组织结构，并找到合适的人，对完成具体工作很有帮助。大学也是学生学习发展自身角色的场所，他们通过学生的等级制度理解这些，像队长、啦啦队长、兄弟会主席和俱乐部组织者等不同职位。管理机构有许多类似元素，员工需要有效地谈判沟通。第三个技能是对机构保持忠诚。新大学擅长的事情之一就是将学生社会化，使他们认同学校、校队和兄弟会等组织。这些毕业生穿上统一颜色的校服，支持校队，并为学校捐赠基金捐款——这正是工作中团队成员所需要的技能。

约翰·塞林(John Thelin)提到，在 19 世纪 90 年代的学生宿舍中存在这样一条流行标语，"不要让学习妨碍了你个人的教育！"(Don't Let Your Study Interfere Your Education!)[1]当然，这标语传递出的信息是那个时期的学生文化排斥基于书本的学术学习，事实也确实如此。大量的证据证明，学生们希望在不影响社交生活的情况下，用最小努力学习课程。但我们应该认真地对待这条流行标语的价值。或许正是 20 世纪早期大学里学生们的课外校园活动，为学生提供了在未来作为公司员工时所需的核心知识和技能。

更大的历史图景是，美国的高等教育系统不仅享受着与科学研究和研究生教育产生联系而带来的好处，而且它仍坚持消费者的导向。大学中增设研究生院并没有削弱本科教育对学校

---

① Thelin 2004b, 163.

的影响。如果说有什么不同的话，那就是向高水平研究的转变，使大学变得更加依赖来自本科生提供的财政支持、社会合法性和实际效益。因而学校必须尊重他们对于好工作和愉悦校园生活的向往。为了成为学术研究的动力站，大学也必须成为"聚会学校"。

第四章
相互颠覆：
自由教育与专业教育

正如前文所述，美国的高等教育系统在矛盾中茁壮成长。它不仅拒绝各种化解矛盾的方式，甚至还接纳不同目标所引发的冲突。它始终充当精英主义、平民主义和实用主义等不同机构之间相互角逐的竞技场，这些矛盾的元素甚至集中在同一所学校之中。因此，这也为美国高等教育系统招致了大量批评。1930 年，亚伯拉罕·弗莱克斯纳曾呼吁大学放弃除研究生教育以外的一切成分。[①] 但截然相反的是，美国高等系统在这种混杂模式下加速运行发展，并且在三十年后既有了声望，也拥有了充足的财富。今天，批评者要求拆解美国高等教育系统混乱的功能构成，诸如本科教学、学术研究以及专业培训，并且还要去除所有昂贵的额外项目，如美食广场、攀岩墙和橄榄球等。令他们大失所望的是，美国高等教育系统拒绝了这样的改革方案。

在后续四章中，我会考察贯穿整个系统的四种核心冲突——

① Flexner 1930.

自由教育与专业教育之间（liberal and professional）的冲突、开放入学与社会优势之间（access and advantage）的冲突、大学作为私人产品和公共产品之间（public good and private good）的冲突，以及公立大学和私立大学之间（private and public）的冲突。对历史发展过程的分析，将作为剖析这些矛盾的重要材料。我的研究视角将从第二章和第三章的历时性分析，转向结构性分析，探究美国高等教育中矛盾冲突。正是这些矛盾赋予其活力。

在本章中，我将考察 20 世纪美国高等教育历史上的两大线索。具有主导性且显性的主题是：美国高等教育系统早期以自由教育为主，而专业教育逐渐颠覆了这一状况，并且在高校中占据了主导地位。而与之相反且隐性的线索是，自由教育在不断回击专业教育，并悄无声息地将其再次颠覆。我的目的就是要展示这两条线索如何交织，并最终演奏出一首相互颠覆的赋格曲。在这段历史乐曲的演奏过程中，专业教育主导高等教育的目标，而自由教育则主导其内涵。

一、关键点：从自由教育到专业教育的转变

专业教育取代了自由教育，是美国高等教育史上被反复提及的主题。诺顿·格拉布（Norton Grubb）和马文·拉泽森（Marvin Lazerson）曾在多年前出版的著作中，清晰地阐述了这个主题。他们认为，美国教育尤其是高等教育，已经变得越来越职业化和专业化。[①]　他

---

① Grubb and Lazerson 2004.

们将这种变化的根源称为"教育福音"（the educational gospel），即教育价值是向社会提供所需的工作技能，并为个人提供他们想要的工作机会。作者论证道，这种信念的确带来了一些真正的教育和社会效益。它使高等教育对于寻找工作的学生，以及聘用工人的雇主都更具吸引力，并为公众支持高等教育提供了坚实的理由。由此，大学不仅仅是维系精英特权的堡垒，同样也是一所促进公共福利的大众机构。从这个意义上说，它有助于支持大学是一种公共产品的想法，这将是我在第五章中探讨的问题。然而，他们也指出了这种专业转向的负面影响。这种变化导致更狭隘的职业课程取代了宽广的自由课程，它只局限于赢得工作机会，而不是获得知识。这种培养方式降低了学习质量，并根据学生未来职业的高低，对教育项目和机构予以分层。

格拉布和拉尔森所著之书的新颖之处在于，他们认为这种职业化趋势有积极的一面，而一般文献却普遍将其描述为一种非常消极的变化。实际上，这种变化所引发的争论，已经是美国高等教育历史研究中一个老生常谈的话题。劳伦斯·维赛（Laurence Veysey）的经典著作中曾提到，美国大学在 19 世纪后期崛起，其主要特征是以功利主义和学术研究作为主导方向，只有少部分人们对自由教育文化有着挥之不去的依恋。[①] 正如我们所看到的，克拉克·克尔认为美国大学借鉴了欧洲的两个前辈——强调自由教育的英国本科学院和专注科学研究、研究生教育的德国研究生院。后来美国高等教育系统中又增加了第三个独特的美国元

---

① Veysey 1970.

素,即赠地学院,其重点在于发展职业教育,并为社会公共问题提供切实可行的解决方案。[1]

大多数历史文献都强调了第三个元素与第二个元素的相互结合。这推动大学的重心从为学生提供自由教育,转向为他们的就业做准备。支持这一立场的证据是有力的。美国并没有创造大学,但它创造了三种独特的高等教育机构形式,这三种形式都有着很强的职业使命:赠地学院旨在培养实用技艺专业的毕业生,提高工业生产水平;师范学校的建立,完全是为迅速发展的公立学校系统培训教师;初级学院及其继承者社区学院的创造,主要是为被称为"半职业性的行业"(semi-professional)[2]提供职业教育。今天,美国绝大多数大学生所就读的学院和大学,都起源于这三种类型的职业院校。

针对美国大学中日益增长的职业化趋向,最主要的一种解释是它响应了消费者的需求。正如我们在第二章中看到的,在没有稳定的政府资助和政府控制的情况下,美国的高等教育机构一直在面对强大的市场压力。他们极度依赖招生创收,包括学生支付的学费和政府提供的人均拨款。这意味着它们必须满足消费者需求。此外,他们还依赖校友捐赠和研究资助的收入。不受国家控制的自主权使它们能在教育市场上自由有效地运作,以适应不断变化的消费者偏好、捐助者需求和研究机会。长期以来,学生消费者越来越倾向于找份好工作,而不是接受自由教育;捐助者

---

[1] Kerr 2001, 7 - 14.

[2] Goodwin 1973, 157.

和研究资助机构也表现了他们对实用知识和教育的偏爱。

又正如我们在第三章中所看到的，19 世纪后期，小企业生存能力下降让中产阶级家庭投入大学的怀抱。他们不能像之前那样，将自己的财产传给继承人。因此他们转而选择高等教育，将其作为把社会地位传给子女的另一种方式。大学就读经历为学生提供了新专业化的白领工作所需要的技能和价值。大学文凭证明持有者进入管理层不是依靠特权，而是通过个人能力取得的结果。在这种关于上大学的新职业理念的影响下，接受自由教育似乎无关紧要。

上大学的新用途，刺激了入学人数的大幅增长。在 20 世纪的前三十年，美国人口增长了 75％，大学入学率增长了 400％。[1] 1924 年，有 10％的年轻人上大学。[2] 到 1930 年，美国人口是英国的三倍，大学生人数则是英国的二十倍。[3] 商业和工程是本科生的两个主要学习专业，近三分之二的学生选择它们为特定的职业或专业做准备。[4] 罗伯特·赫钦斯（Robert M. Hutchins）、亚伯拉罕·弗莱克斯纳和索斯坦·凡勃伦（Thorstein Veblen）等学术领袖都曾抱怨专业实践教育的兴起和商业日益增长的影响，他们认为这玷污了高等教育的学术纯洁和卓越的声誉。然而，这种呼吁对于学生的影响甚微，因为他们渴望的是实际效用，而不是自

---

[1] Levine 1986,68.

[2] 同上，40.

[3] 同上，135.

[4] 同上，40.

由价值。[1]

在整个 20 世纪,入学人数增长的主力集中在开放入学的新兴机构,这些机构处在系统中较低层次,其重点是将学生培养成为中产阶级的劳动力。它们主要包括:初级学院(后来是社区学院)、城市走读学院(urban commuter college),以及正在演变为地方性州立大学的师范学院。在 20 世纪末,此进程还在不断加速。根据史蒂文·布林特(Steven Brint)的分析,"在 1970 年至 2000 年间,美国高等教育系统入学人数增长了 50%,但那些曾经构成大学本科教育核心的传统文理学科,几乎都在经历绝对性的衰落。这不仅包括所有的人文和社会科学,除心理学和经济学,还包括物理科学和数学。"[2]

二、对立点:自由教育对专业教育的抗拒

长期以来,美国高等教育以牺牲自由教育为代价拓展专业教育。许多有力证据支持这一观点。但是,从许多方面来看,这一论点可能歪曲了实际发生的情况。也许美国高等教育做的不是使自由教育变得专业化(professionalizing liberal education),而是使专业教育更加自由化(liberalizing professional education)。

也有许多历史证据支持与前者相反的观点。看看不断新增的高等教育专业领域的课程内容。尽管高等教育扩张大部分体

---

[1] Levine 1986, 90 - 97.

[2] Brint (2002), 235; italics removed from the original.

现在专业学院,而不是基础学科部门,但布林特指出,专业学院的课程已经变得越来越学术学科化。他说:"职业和专业教育已经越来越靠近学术生活的中心,部分原因是它们以人文和科学学科为榜样,生产出与之类似的抽象词汇、启发性理论视角以及严谨的概念框架。"[1]

专业教育于晚近才开始这种学术化的转变。20 世纪之前,大多数专业培训通过跟随有经验的从业者开展学徒制培养的方式进行。这种培训中的学术成分,主要体现在阅读从业者图书馆藏书。[2] 19 世纪后期,专业教育逐渐融入大学的结果之一,就是它越来越转向学术性。自第二次世界大战以来,各个领域的专业教育中的学术化内容取得了稳步的增长。只是直到最近,才引起反思的声音,要求更多地将注意力放在基于实践的培养上。

想想在大多数专业学院中,专业教育的内容已经变得多么的学术化。让我们从两个最极端的案例开始,神学和法律。长期以来,专业神职人员一直嘲笑他们在神学院接受的培训,这对于培养真实从业经历所需的技能基本上毫无作用。神学院因主要专注于神学的学术研究而不是传教、教区运作、财务、管理和该行业的其他核心实践领域,变得声名糟糕。[3] 同样,法学院(特别是在精英大学)长期以来一直专注于法理学、逻辑和论证的研究,所有这些都是自由教育的核心要素。法学院几乎没有把时间花在培养专业法律实践的核心技能上,如撰写辩护状、在法庭上辩论案

① Brint (2002),235; italics removed from the original.

② Brubacher and Rudy 1997.

③ Hughes and DeBaggis 1973.

件、谈判合同和处理客户关系。① 尽管近年来，这两个领域都在纯学术项目内开展了引入专业实践的运动，但这些努力仍然遇到了相当大的阻力。

但是其他专业领域的状况又如何呢？ 它们是否因为学术性不强而声名鹊起？ 例如，在大学里，教师教育被文理学院认为是一个彻头彻尾的职业项目。但这些项目的毕业生长期以来一直抱怨说，他们所接受的专业教育始终都是理论性的——专注于学习心理学和课程、教师和学校的社会学、历史和哲学，而很少提供关于如何具体发挥课堂教学作用的指导，也就是说，如何为特定的学生群体讲授课程的具体教学法。② 商学院的名声也是如此。大多数商学院的工商管理硕士（MBA）课程非常抽象和学术化，在很大程度上也与现实商业世界中的实践脱节。因此，教育学院的主要学科是心理学，商学院的主要学科是经济学。工商管理硕士提供经济学理论的基础，通过组织社会学、有效领导心理学和商业环境的其他学科学习得到加强；商业实践，则被留给学生们在日后工作中学习。商业教育过去更注重实践，但福特基金会（the Ford Foundation）和卡内基基金会（the Carnegie Corporation）在20 世纪 50 年代发起的改革，促进了一种以学术、研究和学科为基础的研究生教育模式的形式。③ 与大多数其他专业课程相比，医学教育在临床实践准备方面占据更重要的地位。但即使在这里，

---

① Thorne 1973；Amsterdan 1984.

② Goodlad 1990,247.

③ Schlossman et al. 1987；Schlossman and Sedlak 1988；Schlossman et al. 1994.

大多数临床培训也是在完成四年制医学学位课程后进行的,医学课程还是以生命科学的学术研究为主体。

如果专业教育的内容越来越学术化,那么我们应如何理解专业学院相对于文理基础学科所取得的进展?对于后一种发展的传统解释是:学科已经被大学内部的专业所取代,从而证明了专业教育面对自由教育逐渐取得了胜利。然而,专业学院的发展,反过来可能是学术学科实力扩张的标志。或许大学并不是越来越专业了,而是专业学院越来越学术了。按照这种观点,在高等教育中,实际上是理论取向正在取代实践取向。这些学术学科实际上正在使专业学院殖民化(colonizing)。它披着专业外衣,将专业教育转变为了自由教育。史蒂文·布林特在1992年对美国大学教职员工的分析显示,"有12.4%拥有自然科学学位的教授在专业学院任教(净人数向另一个方向移动),而8.8%拥有社会科学学位的教授和6.5%拥有人文学科学位的教授的情况也是如此。"[1]

我在教育史领域内的亲身经历,就是一个有趣的例子。美国教育史协会(American History of Education Society)只有大约三分之一的成员在历史系,而三分之二的成员在教育学院。一种解释是,这代表着历史学领域的衰落,意味着我们作为历史学家身份的丧失,以及这门学科从属于教育学院的专业使命。但我个人倾向于相反的解释:我们正在将历史学的影响扩展到专业教育的领域。随着历史系的逐渐萎缩,教育等专业学院为历史学家们提

---

[1] Brint 2002,251.

供了为更广泛的受众发表观点的机会。我已经在教育学院教了三十年书,我的工作就是为学生提供自由教育。我将历史作为材料,教授批判性阅读和分析性写作。在很多方面,专业学院的学生比历史系的学生更需要历史学家。与后者不同,教育专业的学生在大学里不是为了获得自由教育。但不管怎样,大学为我们提供了一个向学生们传授自由教育的机会。也正因如此,大学专业教育的成长,为学术学科的成长提供了丰富的机会。尽管后者的出现是无意的,甚至是多余的,但却是真实存在的。

从这个角度来看,在美国高等教育史上,向专业和职业的转向更多的是修辞意义上的,而不是实质性的。[①] 也许我们最好应把它理解为一种营销的工具,这使得大学教育看起来比实际上更加实用且有意义。莱文(Levine)展示了第一次世界大战后,博雅学院如何开始推销它们传统的自由教育,并声称它们提供成功获得白领工作所需的技能。[②] 我们可以看到今天的大学和学院,也在做同样的事情。他们强调自由学习的实用性(usefulness of liberal learning),如在沟通、解决问题、批判性思维和企业家精神等方面的商业相关技能的锻炼价值。在过去的一个世纪里,总体上高等教育可能只是简单地将旧的学科研究重新包装为新的专业课程——更多是形式大于实质。在高等教育历史中,这是一个古老的故事。在过去的一千年里,面对经济和社会的巨大变化,

---

[①] 在中学教育中也存在类似情况。正如安格斯和米雷尔(Angus and Mirel, 1999)所言,高中阶段的职业课程所占的比例从未超过 10%,而且其中很多课程都是披着职业标签的通识教育(商务英语、商务数学)。

[②] Levine 1986, 60.

中世纪的课程和学位结构依然存在。

如果学术学科确实控制了高等教育中的专业学院，一种解释是学术惯性（academic inertia）。旧的课程内容，不断殖民新的制度形式，并为其相关性寻找新的理由：这种情况就是"新瓶装旧酒"。另一种解释来自拉尔夫·特纳（Ralph Turner），他将美国教育描述为一种竞争性流动（contest mobility）系统。[①]从这个角度来看，教育的目的是为学生在社会地位的竞争中做准备，这意味着它是通过为学生提供最广泛职业可能性的教育，以此保持系统的最大灵活性。实际上，这导致我们将专业化推迟到最后一刻，以保留我们的选择余地。因此，美国教育强调通识教育而不是专业教育，即使在最高级的研究和专业领域也是如此。也正是因为如此，与世界上大多数其他地方不同，美国的博士项目在让学生撰写论文之前，需要完成大量的课程工作，而这些课程的大部分都是为了提供该领域的普遍背景。与此同时，专业的学习项目包括大量的文理基础学科内容。博士生和工商管理硕士学生都希望为各种可能的职位做好准备，而不仅仅只是一个。我们的高等教育消费需求反应系统（consumer-responsive system）乐意接纳他们。

三、解决矛盾的尝试

因此，关于美国高等教育的历史，我们有了两个相互冲突的

---

① Turner 1960.

观点。有人说，这是一个市场影响力不断增长的故事，它将专业教育提升到了自由教育之上。还有人说，这是一个有关课程惯性和消费者需求的故事，在这个故事中，自由教育通过"殖民"专业教育，而实现自身永久化，通识教育从而取代了专业教育。两个观点都有大量证据得以佐证，我也不想否认这两种观点。但是问题是，我们应该如何解决这些差异呢？我认为，如果我们理解这两个对立观点如何与美国高等教育的几个基本特征产生共鸣，就能让它们和谐地结合在一起。其中一个特征是分层：有一种独特的动力，将美国教育组织成一个拓展的等级体系。另一个是形式主义：美国教育的独特动力，在形式和实质之间、在教育的目的和内容之间制造了一道鸿沟。

1. 教育等级排序中的位置

正如我们所看到的，分层是美国教育的核心。这是我们为系统的广泛普及性付出的代价。我们让每个人都进去，但他们都获得了不同的体验，他们都从这些体验中，获得了不同的社会效益。通过这种方式，这个系统既有强烈的平民主义色彩，也有强烈的精英主义色彩，也让普通人通过教育获得地位提升的可能性很高，但大幅提升的可能性则很低。我们将在下一章更全面地探讨这个问题。

如果说分层是初等和中等教育的核心组成部分，那么它就是高等教育的主导因素。这样，和其他地方一样，美国大学是初等和中等教育的升级版。一所学院或大学在学术等级中的地位是一个既定事实，它塑造了该机构的其他一切。根据学术等级不同,不同机构之间的一个主要区别在于它们在职业训练和自由教育中的位置。等级制度的最底层是社区学院,它们对自身定位有很强的认同感:为各种各样的岗位提供实际职业准备的场所。名列前茅的是顶尖研究型大学,它们对自己是提供理论和自由教育的地方有着同样强烈的认同感,即使是在旨在培养专业人才的项目中。介于两者之间的是一系列学院和大学,它们比顶层的学校更实用导向,比底层的学校更自由教育导向。在我所在的加利福尼亚州的公立高等教育部门,社区学院系统位于底部,加州大学系统位于顶部,加州州立大学系统(主要是以前的师范学院)位于中间。每个州都有自己的类似分层。事实就是如此。

这种分层体系表明,自由教育和专业教育之间存在着不断变化的历史平衡,就像美国高等教育的许多其他方面一样,随着机构在等级阶梯上的地位而变化。因此,社区学院和地区州立大学的扩张代表了向职业方向的转变,而自由学科在研究型大学中占据了一席之地,甚至扩展到了专业项目中。这是像布林特、理查德·柴特(Richard Chait)和安德鲁·艾伯特(Andrew Abbott)这样的观察家得出的结论。① 如果是这样,那么我们观察到的只是变化过程的简单分叉,专业教育在系统的底部,颠覆自由教育;而自由教育在系统的顶部,颠覆专业教育。从这个角度来看,由此产生的二元体制,只是分层获取知识(stratified access to knowledge)的又一个例子。这在美国各级教育中,是一个古老的故事。

---

① Abbott 2002; Brint 2002; Chait 2002.

2. 系统的节奏化发展：职业化、自由化、循环往复

目前来看，这种概括是准确的。但我认为真实发生的状况，比这要复杂得多，也更加有趣。有一种迷人的双重动力贯穿于美国高等教育的历史，它在推动系统演变的同时，也使其变得更加专业化和自由化。与系统的许多其他方面一样，这个过程是通过市场机制而不是有意识的规划来实现的。这是一段关于各种机构如何在激烈竞争的高等教育市场中，努力生存并提高自己地位的故事。结果是产生了一系列不同机构的发展轨迹。从机构自身发展利益角度来看，所有的发展轨迹都是合乎情理的。然而，这些轨迹共同累积成为一种动态的高等教育结构，这种结构既有点病态（在某种程度上存在内部矛盾），也有点功能失调（在社会影响方面）。

总体模式是这样的：美国高等教育系统通过增加新的较低层次的机构实现了扩张，这些新增的机构在定位上比现有的机构更具职业针对性。随着时间的推移，这些新机构开始狂热地效仿比它们地位更高的前辈，因而转向提供更自由的教育形式。然后另一层机构填补了空缺的职业角色。因此，整个体系不断扩大职业教育的领域，而单个机构却在无情地背离职业教育，转而投向自由教育。

正如我在第一章中指出的，有三个核心动力推动了这一进程。第一个核心动力是现有的高等教育机构相比新来者享有巨大的优势：它们拥有更多的社会资本（因为它们培养了许多社会领袖）、更多的文化资本（因为它们已经招募了最好的学术人才）

和更多的经济资本（因为它们已经获得了富裕的校友并积累了大量的捐赠）。考虑到这些巨大的优势，新成立的机构在学术声誉上很难与他们的前辈竞争，所以他们倾向于承担培养具有实用性的社会角色的职能，比如培养工程师和教师。这是那些更古老机构不具备的职能。也就是说，他们倾向于不那么自由，但更注重职业的培养目标。①

　　第二个核心动力是身处高等教育等级排位中的各级机构，都有寻求迈向更高层次的强烈动机。不断寻求向上的决心，会推动一个机构的入学人数、补助金、捐款、教师招聘、公众影响力以及总体声望的增长。与机构相关的每一个人，都是向上流动的受益者，管理人员会因学校排名上升而赢得荣誉，获得更高的工资和声望，发现自己在媒体上出镜的频率也更高了；捐赠者更愿意资助捐款；学生更愿意申请入学；教师更愿意来此任教。对教师来说，身处在一个优秀的机构，能够为他们提供更多在专业组织、学术期刊和政府委员会中担任领导职务的机会；增加他们获得研究资助和专业奖项的可能性；让期刊和图书出版商更广泛地出版他们的作品；获得更多演讲和访问学者的邀请；挣得更高的工资。与之相同，学生们喜欢进入排名更高的机构，原因体现在大学生们碰面时经常会问到的一个问题："你是哪个学校的？"这也是学生如此渴望佩戴校徽的一个主要原因，因为校徽是主要的地位标识。然而，最大的好处在于，排名更高的机构能在就业市场上给学生带来更高的回报。这个问题我将在下一章更深入地探讨。

----

① Ben-David 1972,43.

随着学校的排名攀升,毕业的学生们甚至也能从中受益。因为他们曾经就读过的学校已经成长为一个更加卓越的机构,卓越到换作今天他们可能不再会被录取的地步。

为了更上一层楼,这些机构需要效仿优于它们的前辈,并从它们身上吸纳那些卓有成效的教育形式和功能。当然,由于老牌学校在排名竞争中拥有巨大的优势,后来者的愿望很可能会得不到满足。但这并没有消除它们对于未来荣耀的持续渴望。正如每个公民对个人社会流动保持渴望一样,少数人的成功就足以让大多数人满怀希望。在这些胸怀志向的人心目中,成功的可能性远远大于失败的可能性。每一位大学校长,都会从历史上那些机构成功实现等级攀升的故事中寻找灵感:加州大学伯克利分校、约翰·霍普金斯大学、芝加哥大学和斯坦福大学都是建校较晚,但却登上顶峰的大学。而我们,也可能会是下一个成功者。

美国高等教育系统第三个核心动力是:系统的扩张是通过引入新机构,而不是通过扩大旧机构规模的方式来实现。现有的大学完全有理由让新建的学校去应对那些蜂拥而至的学生。扩张入学人数的做法,将会削弱大学的社会精英标志、学术声誉及其自身的独特性。他们不想因为向职业主义靠拢而疏远自己的支持者。更好的解决办法是通过让新来者立足于更低的层级之中,从而实现市场的分层,以此镇守自己的高地。如此一来,系统通过保持美国教育开放性和精英性的经典双重原则,得以不断发展。

让我们来看看这个过程如何在历史时间中运行。最早建立的是殖民地学院。尽管没有出众的学术水平,但幸运的是它们凭借着最早建校的资历，确立了自己在系统中的主导地位。在接下来的两个世纪中，这种地位基本上是不可动摇的。其中包括了后来被称为常春藤联盟的学校，如哈佛大学、耶鲁大学、普林斯顿大学、哥伦比亚大学和宾夕法尼亚大学。19世纪，一批公立学院紧随其后，最终发展成为旗舰级的州立大学。大多数的常春藤大学与众多旗舰级的州立大学一同，构筑起美国高等教育系统的顶层，即精英研究型大学。这一级别的机构是全国最具声望、最有选择性的机构。他们拥有着最多的财富，提供最自由教育导向的课程和学生规模最小的教学。

接下来是美国的一项发明——赠地学院。从19世纪30年代（特别的是1862年和1890年的《莫雷尔法案》颁布后）开始，这些机构获得了一系列公共土地分配资助，一直持续到19世纪末。它们也被（尽管不是唯一一个）赋予了明确的职业使命。用《莫雷尔法案》中的话来说，这些学院旨在"教授与农业和机械技术相关的学科……以促进工业阶级的自由和实践教育，满足他们生活中的各种追求和职业需要"[1]。这些机构成为美国高等教育系统的第二梯队核心。高等教育由顶级以下的公立大学组成，通常在名称中用"农工"（A&M）或"州立"（State）来加以标识，以此区别于旗舰州立大学。[2]

随之而来的是另一项发明——师范学校，它最初创立于内战

---

① The Morill Act 1862 (12 U. S. Statutes at Large, 503 – 505), section 4.
② 例如密歇根大学和密歇根州立大学，得克萨斯大学和得州农工大学。证明这个规则的一个例外是俄亥俄州立大学，其正式名称是俄亥俄州立大学，以此区别于更古老的私立机构——俄亥俄大学，并且"州立"标签不会让人认为它不是机构。

之前,繁荣于 19 世纪下半叶。这些学校的建立也是基于明确的职业目的——培养学校教师。他们形成了美国高等教育第三层的核心,即招收绝大部分大学生的地区性州立大学。[①]

最后一个是初级学院,它最初建立于 20 世纪 20 年代,后来演变成了社区学院。这也成为系统中的第四层,也是最后一层。像赠地学院和师范学校一样,它的官方使命是职业导向的,主要是为了培养半职业的工作角色(即与低于四年制大学毕业生水平相适应的工作)做准备。

以上就是美国高等教育的四个层级。随着层级的下移,这些机构逐渐显示出以下特征:他们是建立较晚的高等教育机构,肩负着更具职业导向的使命,面向更加广泛的学生开放,并将毕业生输送到更低层次的行业。并且后三层的每一层,都比自己上面的一层呈现出了更多的职业倾向。

然而至关重要的一点是,这些机构都非常努力地试图摆脱自己最初职业导向的使命,以便更好地效仿系统顶层所实行的且具有较高地位的自由教育模式。当然,最终的结果与其说是对后一种模式的复制,不如说是一种无力的效仿。对于整体中各个层级以及身处其中的大多数机构来说,要想达到更高的级别是不可能的。现任者保留了太多的优势,而新来者缺乏三种足够数量的制度资本(社会、文化及经济)来有效地与它们的上层竞争。然而,这并没有阻止他们去做出尝试。

随着时间的推移,模式也变得愈加清晰。学生们想要的是更

① Rudolph(1962,467)注意到,有 16 所师范院校最终变成了社区学院。

具社会优势的大学教育形式，这就意味着它应该是一个看起来尽可能与常春藤盟校相似的学校，同时还能够最大限度地为学生扩展工作的机会。因此，在消费者的压力之下，每一个新的机构都以牺牲更加狭隘的职业培训为代价，着手拓展自由教育。在 20世纪初，随着研究型大学成为美国高等教育的主导模式，第二层和第三层的大多数机构都演变成了看起来可以被称为大学的地方。赠地学院引领了这一演变的发展。师范学校还有更长的路要走，它们的演变需要耗费更长的时间，但它们的演变也同样能够实现。从 19 世纪中叶相当于高中的机构地位开始，师范学校在 20 世纪初演变成师范学院（teacher colleges），在 20 世纪 30 年代和 40 年代成为州立的文理学院，最后在 20 世纪 50 年代至 70年代成为提供全方位服务的州立大学。

演变过程中出现的一个例外是社区学院，但不是因为它们缺乏尝试。初级学院和社区学院的大量学生长期以来一直在用脚投票，支持转校计划，该计划允许他们能够进入四年制学院或大学，继续接受自由教育。[①] 对于这些学生来说，社区学院的主要功能就是，在前两年的时间中为他们提供在下一个层次所需的自由教育课程。[②] 如果按照过去的做法持续下去，它们就如同那些赠地学院和师范学校的前辈们一样，在消费者需求的迫使下升格成为大学。但是在 20 世纪，各州普遍不允许初级学院授予四年制的学位。相反，它们被鼓励发展成为我们今天所看到的庞大的社

---

① Brint and Karabel 1989; Labaree 1997, chap. 8.

② 我很感谢杰弗里·米雷尔（Jeffey Mirel）提醒我社区学院在文科教学中所发挥的重要作用。

区学院系统。近年来，随着佛罗里达州、加利福尼亚州、俄亥俄州和其他州开始批准这些机构在特定的学科领域提供学士学位，阻碍这些机构向上流动的高墙也因此逐渐出现了一些裂缝。

3. 公共产品与私人产品

社区学院的案例提出了与我所描述的历史动力模式相关的重要问题——通过开设新的以职业为导向的机构，美国高等教育系统不断扩张，然后逐渐向自由教育的方向发展。如果消费者一致要求接受自由教育（为了提供最广泛的社会机遇），那为什么所有新建的学院都是职业学院？为什么不干脆直接开设新的博雅学院（liberal arts college），让公众更加容易进入其中呢？

答案在于，大学作为私人产品和大学作为公共产品之间的冲突。从某种程度上说，大学是一种私人产品，它的利益主要由接受教育并最终获得文凭的个人所享有。大学也是一种公共产品，因为它的利益能够惠及全体人民，其中包括了上大学和不上大学的人。正如我们在第二章中看到的，美国高等教育体系的独特之处在于，它诞生于大学无法获得稳定的政府支持的时代。它们不是由政府出于公共利益目的而创建，而是作为私人的非营利机构的面貌出现。这些机构旨在满足地方土地所有者和教派的需求。因此，他们需要吸引和留住支付学费的学生消费者，以便在经济上维持自己的生存。19 世纪早期至中期的美国大学是作为私人产品而运作的，其主要利益属于其创建者和毕业生，但不一定属于更广大的社会。从这些根源出发，我们可以看到系统有强烈的服务消费者的需求的倾向。

　　然而，到了 19 世纪后半叶，创建大学的使命迅速转移至公共部门的手中。州政府建立了州立大学、赠地学院和师范学校，这些学校构成了高等教育系统的新发展舞台。到 20 世纪初，大部分新创建的大学和近四分之一的入学增长率都发生在公立机构。[①] 正如我们所看到的，这些机构保留了一些私立的元素，因为大学在建立后将继续为地方居民提供福利，同时它们也需要学生学费来维持运营。虽说如此，但这些大学还是属于由政府建立、政府控制和政府资助的学校。这与仅给学院颁发特许状，然后任其自生自灭的方式，不太相同。后来的新院校属于政府事业，这意味着立法者必须根据它们如何服务于公共利益，来证明对它们的支持是合理的行为。在国家财政的零和博弈中，流向公立大学的资金是以牺牲其他公共优先事项为代价的，如初等和中等教育、基础设施和公共安全。

　　高等教育对于消费者的利益，是促进他们的社会流动性。大学让他们能够找到一份好工作，过上美好的生活，提升他们目前的家庭社会地位，或是延续已经享有的社会优势。政府往往选择将促进社会流动视为一种公共利益，因为它有可能促进社会公平，并通过维护社会秩序的方式，增强政府合法性。立法者需要对消费者上大学的需求做出回应，因为消费者也是选民。任何民主政府都很难拒绝公众进入带来收益的公共机构，比如大学。但是各州必须平衡教育开放和其他涉及公共财政的优先事项。对于通过高等教育实现流动性的需求来说，更是如此。不可否认的

---

① Carter et al. 2006, tables Bc510 - 522 and Bc524.

是,高等教育主要的好处在于,毕业生的生活境遇因为获得大学学位而得到改善。因此,对立法者来说,这可以被归结为一个问题,即他们到底愿意用多少公共资金来资助个人抱负。

每个人都需要上中小学,所以在这种情况下,公共资金显然是有意义的。但是上大学是自愿的,有大量的高中毕业生永远不会迈入下一个阶段。今天,有 34％的人没有上过大学;在 1900年,这个比例是 98％。[①] 所以这就提出了一些重要的问题,比如为什么我们要向每个人征税,让别人的孩子去上大学? 怎样的公共利益才能证明国家投资高等教育是正当的呢?

如果高等教育的私人利益在于促进社会流动(social mobility),那么公共利益则在于提高社会效率(social efficiency)。大学为社会提供所需的生产技能,从而促进经济增长和社会总体福利提升。对于人力资本的投资,最终将惠及全体人民。此外,大学中开展的研究有助于解决紧迫的社会和经济问题,并增强国家实力。由于这些原因,19 世纪后期政府使用州政府拨款和联邦土地补助来支持高等教育的发展,是完全有道理的。特别是对于它们来说,把目标定位于提供实用职业教育的这类高等教育形式,很有意义。这些机构最注重通过提供人力资本来提高社会效率,从而为公共利益服务。

国家对提高社会效率的长久利益,与消费者对社会流动性的长远利益相结合,就产生了我在本章中详细描述的历史演变的跷

---

① 34％取自 2013 年应届高中毕业生的数据(NCES 2015a)。数据为 18 至 24 岁上大学的人口百分比。

跷板模式（seesow pattem）。各州不断引入新的职业高等教育形式，消费者不断将他们引向他们更喜欢的自由教育模式，这种模式提供了最广泛的社会机遇。这就是赠地学院和师范学校的发展状况。[①] 当这一动态进入第三个阶段时，随着 20 世纪初级学院和社区学院的引入，各州开始放慢脚步，这也是有充分理由的。

问题在于，过去每当政府允许专业学院自由教育化时，教育的成本就会急剧上升。在所有大学科目中提供自由教育，会比为几个专业领域提供职业教育（在赠地学院中是工程和农业，在师范学校中是教师教学）昂贵得多。此外，消费者并没有停止对获得自由教育的渴求。他们甚至将对自由教育的渴求，扩展到在 20 世纪初作为高等教育系统皇冠珍珠的研究生院层次。首先是赠地学院，然后是师范学校，它们相继发展成了综合性学院，后来又发展成了一系列拥有研究生院的大学。这个演变过程，极大地增加了美国学生接受高等教育的机会，远远领先于世界其他地区。但这付出了巨大的代价。一个后果是，政府对资助社区学院向高等教育系统中的大学层次演变的过程开始变得谨慎。还有一个原因，我们将在第七章中看到，是 20 世纪后半叶纳税人抗议的兴起，开始对国家继续推动高等教育扩张的能力施加了财政约束。

到目前为止，社区学院追随其前辈发展的道路被很大程度地封锁。然而，正如我前面提到的，大量学生消费者一直在逃避职业课程，转而选择选修自由教育课程，希望能转学到大学学习。但是，美国高等教育系统第二层级和第三层级的机构是否仍在向

---

① Ben-David 1972, 44.

上流动? 我认为答案是肯定的。正如美国大学协会(American Association of University)的成员资格所展示的那样,许多第二层级的赠地学校已经进入了研究型大学的核心圈子,还有其他的一些学校在不断努力。第三层级的地方州立大学面临着结构性问题。例如,州教育领导人不允许加州州立大学系统(California State University,CSU)的分校拥有博士学位授予权,而博士学位授予权通常是为加州大学系统(University of California,UC)的研究型大学保留的。但这并没有阻止圣何塞州立大学的学生要求接受尽可能像伯克利分校那样的教育。鉴于大学对消费者需求压力的敏锐反应,以及大学校长在追求机构向上流动过程中的创造性,断言这些机构不会继续向研究型大学模式演变,肯定是一个有风险的赌注。

教师群体是朝着这个方向前进的另一个重要因素。第三层次大学的很大一部分教师,是第一层次大学的博士毕业生。这是高等教育地位秩序所导致的直接后果,高层次研究生教育聚集在顶层,本科教育聚集在底层。因此,大多数教授在毕业并获得第一个学术职位时,都会经历明显的向下流动。为解决地位下降,他们大体倾向于向上流动,以重新回到研究型大学的教师行列当中。但数据清楚地表明,这是不大可能实现的。而次优的选择是,增加他们所在机构中自由教育的含量,以及研究生教育的导向。(我将在第八章更深入地探讨这一现象。)因此,第三层次大学的学生、教师和管理人员的抱负,都凝聚在推动这些大学不断追求成功的计划之中。

四、形式主义的胜利：职业目的与自由内容

透过我在本章讲述的故事，我们可以得出一个结论：专业教育可能是美国高等教育史上最大的输家。随着教育机构地位秩序的节奏化变动，专业主义不断涌现，并成为新设机构发展的核心推动力，后来又随着新设机构转向自由教育而不断消退。[1] 对此还有另一种说法指出，消费者总是为了使自己的利益最大化而做出选择。他们选择的是个人的社会流动性，而不是整体的社会效率。立法者一直试图推动学生们进入职业性学院，然而学生们却一直要求进入大学结构之中，去接受他们想要的自由教育，因为这能为他们提供最广泛的社会上升机遇。

然而，职业主义越来越成为美国各级教育中的主导因素。它的方式是塑造教育系统的目标。在美国的小学、中学和高等教育中，实用教育确实占据了主导地位，但主要停留在广泛的目标领域，而不是在课程的内容领域。在过去的 150 年里，美国各级教育都在经历将教育目标转向实践的过程。如果仔细研究一下我前面引用的支持高等教育已经变得更加专业化这一主张的相关资料，你会发现它们实际上是在佐证专业目标（professional purpose）比专业实践（professional practice）更重要。追求高等教育的学生和资助高等教育的立法者，对高等教育机构的社会功能意见不一。学生们认为这是一种私人产品，有助于实现社会流动

---

[1] Ben-David 1972, 44.

性;立法者认为这是一种公共产品,可以提高社会效率。但他们在一个关键点上的意见完全一致:他们都看重它的实际经济利益。一个侧重于个人结果,另一个侧重于集体结果。但对双方来说,高等教育都是为了让人们为工作做好准备。他们都同意它的职业目标。但不同的是,学生们认为自由教育的学习计划,才是实现这种职业目标的最有效方式,而不是职业化的学习计划。①

虽然实用目标已经渗透到美国的各级教育之中,但这并不意味着高等教育的内容也变得更加实用。相反,正如我所展示的,高等教育正在将专业学院自由教育化,并为其配备学术学科的理论专家。在教育的目标变得更加以实际为导向的同时,教育的内容也变得更加以自由教育为导向。正如特纳指出的那样,这种模式并不像看起来那样矛盾。消费者更偏好促进文凭的提升,而不是知识的提升,这也使它们更偏好通识教育而不是职业教育。因为通识教育能最大程度地开辟职业可能性,避免将所有鸡蛋放在一个职业的篮子之中。专业教育如果只有专业化一条道路,很容易变成一条死胡同。正如我们在高中职业教育中看到的那样,这些教育时常在让人们为现实中已经不存在的工作而做准备。专业教育的自由化在一定程度上是由竞争流动性系统驱动的,它能让每个人保留开放的选择余地。但从某种程度上来说,这也是由于人们开始意识到过度专业化存在危险,最好的工作准备或许是来自自由教育,而且在工作中接受专业培训会比在大学中来得更

① Veysey 1970; Brown 1995; Levine 1986; Dunham 1969; Brint and Karabel 1989; Brint 2002; and Geiger 2004a.

加有效。

可以这样说，高等教育中追求经济效益的力量正在日益增长，极大地扭曲了教学和学习的过程。它通过将学生的注意力集中在获取文凭等外部奖励上，从而削弱了学生学习的内部动力。其结果就是，在美国无论是初级教育还是高等教育，都涌现出越来越多的文凭主义（credentialism）和消费主义（consumerism）文化。这些文化强调的是教育的交换价值，而不是其使用价值。文凭主义让大多数人对自由教育的追求都徒有其表。于是我们最终得到的是一种越来越趋向于自由教育的外在形式，它甚至还出现在专业学院和博士的培养过程中。这与许多已有研究告诉我们的情况截然相反。但是，这个自由教育的外在形式，其实早已被职业目标所消耗，而后者才是美国高等教育不断扩张的最初动力。

因此，或许我们所面临的是高等教育的形式主义在两个层面上的呈现。在某种程度上，我们有伪装成专业教育的自由内容，其中教育的实用性取决于它帮你找到工作的能力，而不是向你传授职业技能。但从另一个层面来看，我们的教育系统，几乎没有为学生提供对自由教育的需求诱因。因为他们的注意力集中在凭学历能买到什么，而不是如何更好地应用知识本身。因此，自由教育成功地殖民了专业教育，但文凭主义又将这种自由教育转向了职业目标。内容虽然是自由教育的，但文凭主义却在昭示着内容是什么并不重要。美国高等教育的发展状况，或许会令人感到非常沮丧。历史学家劳伦斯·维赛（Laurence Veysey）是这样描述它对 20 世纪早期大学产生的影响："对于这种情况，我们能总结出略微讽刺的结论，那就是美国教授最重要的作用在于，提出足够困难的要求，以此给予大学毕业生们一种自豪感；而不是提出过高的要求，由此拒绝向那些在大学四年时间里耗费了父母金钱和自己时间的学生授予学位。"①

---

① Veysey 1970,440.

第五章

开放入学与精英特权的平衡

在第四章，我们审视了美国高等教育系统中的一组重要的矛盾张力：专业教育与自由教育。在此过程中，我们看到推动这对矛盾张力运转的是更为深层次的矛盾：教育是公共产品还是私人产品。尽管政府的政策制定者们致力于把大学作为公共产品，指望它促进经济发展，提供促进整体社会福祉的知识和技能，但学生消费者则在追求作为个人产品的大学教育，以期获得能增加向上层社会流动机遇的文凭。然而，在这场关于美国高等教育系统灵魂的较量中，消费者获得了胜利。对他们来说，为他们全方位服务的大学提供的自由教育，为职业成功提供了最广泛的机会。

在这一章中，我们将更仔细地聚焦我一直在谈论的这群教育消费者的本质，尤其是这个群体内部的核心矛盾关系。他们都希望高等教育系统能为他们提供与众不同的优势，使他们变得出类拔萃，从而提高他们竞逐更高社会地位的能力。但因为他们来自不同家庭，继承了不同的社会地位，他们上大学的社会期待也有本质不同——有的是获得入场券，有的则是维系社会优势。

　　从政治民主(political democracy)的意义而言，人们渴求通向社会机遇的平等渠道。因为学校教育是决定谁获得何种工作岗位的主要机制，这意味着任何层级的教育系统都要敞开大门。与此同时，从经济自由(liberal economy)的意义而言，高度不平等才是社会常态，占据社会优势的人们都渴求将他们的地位传递给下一代。我们会把最好的工作岗位分配给接受过最好教育的人。因此这意味着要为那些孩子提供特权渠道，以便他们进入回报率最高的教育层级。

　　如果把两种元素杂糅在一起，会发生什么？你会发现，当学校教育的普及程度提高，它的分层程度也随之水涨船高。当越来越多的学生为了争取社会机遇而进入教育系统的底层时，教育系统就会向上扩展，以便于维系社会优势。教育层级向上生长，但社会差异依然存在。理想的社会是平等与不平等、机遇与优势并存。美国的教育系统则使之成为可能。

　　在本章中我将呈现过往两百年间，美国高等教育如何成为美国学校教育体系扩张历史中最伟大的成果。基本的历史动力模式如下：起初，某个群体垄断一个教育层级的入学机会，排斥其他群体进入。局外人为进入此层级而不断抗争，最终民主选举的领导人，迫于压力只能将入学机会向他们开放。局内人们因入学机会扩张而感到其社会优势地位受到威胁，因此必须努力寻找办法维护特权。教育系统如何帮助他们达成呢？通过两种简单机制即可。第一，入学机会逐渐普及的教育层级将会分化出不同的课程轨道。新来者进入低档次的轨道，而"老人"(old timer)则占据高级轨道。第二，享有社会优势的人群继续向上占据教育系统中的更高层级。所以随着教育系统的普及程度越来越高，它也会自动内部分化，并且向上生长出更高的层级。

这样的进程，在美国教育史中曾三度上演。1825 至 1850 年间，当公共学校运动（Common School Movement）实现了初等教育的普遍入学时，它也创建了高选拔性的公立中学，作为教育系统中的更高层级。19 世纪末，初等教育逐渐饱和，中等教育被要求录取更多学生，教育系统也随之敞开了中学的大门。但它也建立了不同的课程轨道，并着手迎接大学入学率的上涨。20 世纪中叶，中等教育饱和之后，教育系统中又出现一系列开放入学的新学院和大学，高等教育的大门也随之敞开。那些来自历史悠久和精英色彩浓厚的大学的毕业生们，又开始大量谋求升入研究生院。

我们理解这些就会明白，这一案例展现了自由民主体制成功解决不同群体相互冲突的需求的极好方式。学校既能向大众开放入学，也能延续精英优势。它许诺后来者获得教育优势的可能，也允许内部者在更高级的轨道上延续他们的特权，或者涌入教育系统中的更高层级，将之作为他们所享有教育优势的新地盘。教育入学率稳步上涨，学校教育体系不断繁育出更高层级，不同社会群体之间的相对差距则维持不变。这样，学校教育系统为所有人都提供了益处。有些人渴求向上流动的机遇，有些人则谋求将优势延续。每次地板升高，天花板也随之升高。德国社会学家乌尔里希·贝克（Ulrich Beck）把这个过程命名为"电梯效应"（Elevator effect）。① 美国音乐家保罗·西蒙（Paul Simon）这

---

① Beck 2007. See also Gellert 1996 and Goldthorpe 1996.

样描述:

> 这就是公寓的感觉,
> 就像出租公寓一样,
> 记住:一个人的天花板
> 是另一个人的地板。[①]

在接下来的内容中,我会首先探讨在美国教育中,消费者的角色是如何与教育政策制定者进行竞争的。然后我将会探索在美国学校教育的历史上,开放—优势(access-advantage)动力模式如何在扩大招生和增加分层的三个阶段中发挥作用:在过去的两个世纪里,初等教育、中等教育和高等教育的入学人数激增。最后,我考察了美国公立和私立大学之间的互动,如何有助于强化高等教育系统的明显分层。

一、背景:消费者如何战胜政策制定者

教育消费者是不同于教育政策制定者的一类人。一方面,正如我们在第四章所看到的,政策制定者将教育视为一种公共产品,其利益由公共共享。消费者则认为这是一种私人物品,是个人和家庭在社会阶层中取得向上流动或保持优势的方式。另一方面,政策制定者有意改变教育,以使其有效地解决紧迫的社会

---

① Simon 1973.

问题。消费者只是试图利用教育来满足自己的个人需求。他们并没有试图改变系统，但是他们个人行为的积累，对系统的形式和功能产生巨大的影响。这种影响同样重要，尽管它是无意的。

此外，政策制定者把注意力集中在普及教育，而消费者不是。政策制定者将教育视为一种社会化机制，学生学习解决主要社会问题所需的技能、知识和态度，例如培养有能力的公民或培训生产工人。与之对比，教育消费者将学校教育视为一种将人们分配到不同社会职位的机制。对他们来说，它的主要功能不是学习，而是认证（credentialing）。通过不断积累教育的象征符号——成绩、学分和学位，消费者可以借此获得社会机遇并且保持自身的社会优势。

消费者是如何塑造教育的呢？通过两种主要的机制：消费者行为（consumer action）和政治压力（political pressure）。消费者行为指的是，个人及其家庭在通过教育追求符合自身地位的利益时所做出的选择。其中包括到底要不要上学；上什么层次的学校；上什么种类的学校；在学校里选择什么样的培养计划或课程；在特定阶段是终止学业还是继续深造；以及在某个阶段投入多少时间、精力、金钱和损失的收入用于学校教育。教育会迫使消费者做出选择。总的来说，这些选择会对学校制定何种培养计划、设定何种教育轨道，是扩张还是收缩，产生强烈的影响。这种影响在高等教育中尤为显著，因为高等教育入学是自愿的，因此选择范围会更加广泛。随着这些选择的不断累积，系统的形态也随之改变。

消费者塑造教育的另一个机制是政治压力。就这一点而言，我想表达的是教育消费者也是公民，他们可以通过纯粹的选票数字，在政治舞台上施加影响。一般社会特别是自由民主社会的本质是，弱势群体往往多于优势群体。享受高水平教育的人，则要少于接受低水平教育的人。民主政治中的数学计算意味着，当大量局外人（outsiders）寻求更多的机会，以便进入由少数局内人（insiders）主导的教育层次中时，他们最终可以积累足够多的选票支持自身需求。但与此同时，局内人则处在有利位置，捍卫着自己的特权。他们可能无法永久性地阻止其他人对更多机会的渴求，但作为资产所有者、专业人士、管理者和政治领袖，这些角色的权力地位意味着他们能够凭借有利于自己的方式，构建一个崭新且更易融入的教育系统。因此，他们对教育开放的新区域进行分层，让外来者就读于较低的轨道，为他们自己的孩子保留较高的轨道，并将自家孩子送到系统中更高层次的机构中上学。在这个过程中，每个群体都凭借自己的政治影响力收获颇丰，而最终的结果就是前面所提到的"电梯效应"，即在不改变两个群体相对社会地位的前提下，学校教育不断扩张。

　　以上论点所基于的前提观点是：学校教育是私人产品而不是公共产品，是选拔机制而不是社会化机制。我在这本书里所关注的是学校教育（schooling），而不是教育（education）。我并不是说学习（learning）不重要，也不是说教育不在学校中进行。我想表达的是，你可以在不诉诸教育或学习之类的观念的前提下，理解自由民主国家中学校系统的发展。这些事情的确可能发生在学校里，但这对于理解学校教育系统的形成，并没有必然帮助。我的观点是学校教育的消费者对于学习的兴趣，一直要低于他们对获得或维系社会地位的兴趣。在美国学校教育的历史上，消费者一直是皇帝般的存在。

　　为了说明这一点，我们现在需要回溯美国学校教育的历史。在这个过程中，我将观察美国教育扩张的三个时期：19世纪初普及小学教育的出现；20世纪初高中入学人数的急速增长；第二次世界大战后高等教育的激增。

二、美国普及小学教育的出现

　　美国普及教育（Universial Schooling）的建立是以上规则的例外。这是美国历史上成功实现其目标的一项重要的教育政策，在制定这一政策的过程中，消费者并没有发挥重要作用。然而当该政策实行后，美国教育系统就开始变得一发不可收拾，消费者角色很快成为一个重要且具有最终主导性的因素。

　　和其他大多数国家一样，美国建立了一个普及化的学校教育系统，作为国家建构的一部分。① 在19世纪早期，这个国家还处在危机之中。这是一个全新的共和国，但世界上的共和制国家的历史却并不长久。从古罗马到文艺复兴时期的佛罗伦萨，共和制随着时间的推移，都逐渐蜕变为暴君制。公民美德让位于个人私利，而那些拥有最多权力和金钱的人，则掌管着政治生活。美利坚合众国的缔造者们敏锐地从这段历史中意识到了危险，并试图在美国宪法中纳入防范此类危险的保障措施。但是他们明白，倘

①　有关美国建立普及教育的详细讨论，请参见 Labaree(2010) 的第 2 章。

若没有充满奉献精神的公民来维护共和社会,没有公民愿意将个人利益置之度外,共和国仍会处于危险之中。所以从一开始,国家的缔造者们就把公共教育作为用于培养具有以上必要品质的公民的核心机制。然而,19世纪前三十年间的教育制度却并不理想。在美国城市中,有一项举措是为那些太过贫穷而无法为孩子提供教育的家庭建立免费公立学校。但这种做法只会加剧社会差异,形成一套服务于穷人的公共系统和一套服务于特权阶级的私人系统。

在19世纪20年代,由于美国自由市场经济的突然兴起,这一问题愈发紧迫。那时,各州政府和联邦政府对运河和收费公路的投资,刺激了商业的急剧增长,并引发了地区和全国农作物与制造业市场的迅速扩张。市场增长为生产者提供了大量的机会,他们可以通过将货物销往远方的买家从而致富,也让工人摆脱家庭权威从而获得自由。但这也给生产者带来巨大风险:他们被远方的竞争对手赶出企业,失去社会和经济保障。同时,这一切也给共和国带来了严重的危险。迅速发展的市场经济促进了个人利益而非社区利益,也导致贫富差距急剧扩大。

在这场社会、经济和政治危机中,公立学校运动诞生了。这项运动寻求建立免费和普及的公立学校系统。这个计划不仅仅是为每个人提供学校教育,还是为了创造一个让社区中的每个人都可以进入同一所学校的学校教育系统。人们期待公立学校通过调和新政体和市场经济的关系,解决共和国早期面临的危机。为了实现这一目标,教育系统要将社区中所有的年轻人都聚集在一起,赋予他们共同的教育经历,并向他们灌输公民美德意识。

这样,他们既能够作为利己的行为者在市场上发挥作用,同时仍然充当着具有共同体意识的共和国公民。

　　然而以上模式,只有当改革者能成功引导中产阶级和上层阶级的家庭将他们的孩子进入这类新学校,才会奏效。简而言之,他们必须摆脱"公共教育"只属于穷人的耻辱标签。他们必须让公立学校的"公立"变得真正名副其实。为此,他们采取了一种非常行之有效的诱导方式。改革者们为大多数人建立了公立小学,也建立了公立高中为少数人提供中等教育。例如,费城的政策制定者创建中央高中(Central High School),作为该市新的公立学校系统的组成部分,他们将其塑造为一个十分不同寻常的机构。这所学校位于最好的地段,有大理石的门面装点,教师被尊称为教授,学校所教授的课程比大多数私立学院和许多学院都要好。想要进入这所学校,学生需要通过入学考试。他们还需要被公立文法学校录取。私立学校的学生在其中并不受欢迎。事实证明,这种具有选择性的诱导方式有效地吸引了中产阶级家庭,他们开始把自己的孩子送到新的公立学校。[①]

　　公立学校运动取得了巨大的成功。它不仅创建了一个普及初等教育的系统,还成功消除了急剧增长的市场经济产生的社会分化和自利行为。这项运动把每个人都吸引到公立学校,并在那里向他们灌输共和公民精神。它能成功的关键在于高中。这是一个帮助公立学校变得真正公立的机构,但也是一个在招生上不同寻常的机构。

---

① 关于中央高中成立的更详细的说明,请参见 Labaree(1988)第 2 章。

因此,我所说的开放入学和精英特权之间的紧张关系在美国公立学校系统最初建立时就已经存在。系统在一个层次上保持广泛包容性的唯一方法,就是在更高的层次上保持狭隘的排他性。从一开始,这两个要素就不可分割。

三、高中入学人数的扩张

自 19 世纪早期建成后,高中就吸引了许多家庭的注意。他们看待高中的视角,更多出于自利的消费者立场,而非立足于具有公共精神的公民。现在每个人都有机会接受小学教育,高中成为制造教育区隔的核心机制,能够进入其中的人非常稀少。费城是一个极端的例子:例如在 1880 年,这座城市的公立学校中只有 1% 的学生能够进入高中。这样的高中入学率在小城市和城镇则更为普遍。能被高中录取已然是一项了不起的成就;高中毕业能够让你迈入教育精英的行列。其结果就是高中成了有吸引力的文化商品,它让你的孩子脱颖而出。高中入学群体绝大部分来自中产阶级和中上阶层的家庭。因为他们更有可能拥有通过入学考试所需的文化资本,并且最有能力去承担送青少年上学而不是工作的机会成本。

接下来又发生了什么呢? 回想起来,这段历史似乎很清晰:其他家庭也开始要求进入高中。毕竟,这是一个由公共资金支持的公共机构,拒绝合格学生入学的做法有违民主。这也会导致媒体将这所高中评价为是一所与共和政体格格不入的贵族学校。1859 年发生了一个著名案例:位于马萨诸塞州贝弗利市的市民,凭借这些理由投票废除了他们当地的高中。[①] 然而，这种现象所引发的更加普遍的反应是，大众对入学机会的需求不断增长。随着小学低年级学生人数的增长和初等文法学校规模的扩大，这种需求也变得愈加强烈。至 19 世纪末，由八个年级构成的学校系统即文法学校逐渐成为学校教育的常态。到 1900 年，每个 20 岁的美国人平均都接受过 8 年的学校教育。[②] 对于这些学生来说，教育阶梯的下一阶段是高中。将他们拒绝在高中之外，相当于剥夺了他们的美国梦。

随着 19 世纪后半叶政治压力的增大，中等教育的政治议题成为最新的冲突地带。各城市试图实施配额制，以便让所有地区的学生都能上高中。但这种根据地区分配的尝试，无助于教育供应的增加。最终在 19 世纪 80 年代，城市领导人开始屈服于压力，建立新的中学。最初，这些中学通常被设置为职业培训学校，这使得那些最早建立的高中，仍然垄断学术性的中等教育。但是到了 20 世纪第一个十年，这些新机构在政治压力下，迅速转变发展成为综合高中（comprehensive high school），服务于当地教育。

在这次扩张之前，城市中的高中是一个极具筛选性的高端机构。例如在 1880 年，拥有 85 万人口的费城只有一所高中供全市所有男孩就读，另一所则供女孩就读。然而世纪之交教育需求的巨大增长，使得这种不寻常的高中变得越来越普遍。从全国范围来看，高中的数量从 1890 年的 2 500 所增加到 1920 年的 14 000

---

① Katz 1968, pt. 1, chap. 1.

② Goldin and Katz 2008, 19.

多所,入学人数从 20 万增加到 200 万。[1]

　　面对这股新兴高中学生引发的入学潮流,中产家庭作为旧有高中的传统受益者,为了给孩子保留教育优势,又能做些什么呢?最初他们试图将这些新生留在特别学校,如职业培训学校或专注于培养学生从事工业和文秘工作的学校。但是到了第一次世界大战期间,面对来自之前局外人(由工会和政治进步人士加强)的巨大压力,这些遏制的努力失败了。他们要求进入的,并不是一所被双轨制区隔的职业学校,而是一所真正提供全方位服务的公立高中。

　　这些相互矛盾的压力导致的结果,就是出现了一种新的学校形式——分轨的综合性高中(tracked comprehensive high school)。它为美国教育系统提供了一种模式,能同时在一所机构内,融合开放入学和保持特权的双重需求。这种学校在同一地域内,吸纳不同社会经济背景的学生,把他们放在一起接受教育。但是在学校内,不同的学生会被分进一系列不同且有清晰等级的教育项目之中。这与 19 世纪的高中形成了鲜明的对比,当时所有的学生都在学习相同的课程。如今,学校中有为学生在工厂工作做准备的工业项目;为工程和技术行业做准备的机械项目;为他们在商业公司中担任文秘工作做准备的商业项目;还有提供自由教育的学术项目,为他们进入大学和未来从事管理的专业角色做准备。工人阶级家庭由此步入了曾经属于精英领域的高中教育,但却发现自己在很大程度上被归入到了这个机构的下层轨

---

[1] U.S. Bureau of the Census 1975, table H - 424.

道。与此同时，中产阶级家庭为自己保留了高中内部的精英学术空间。当然，他们也开始大量地送孩子上大学。

四、大学入学人数的扩张

有了这些新的制度安排，高中入学率经历了一段惊人的快速增长期。从 1890 年到 1940 年，入学人数每十年翻一番，从 20 万增加到 660 万。[①] 在 1900 年到 1940 年之间，14 岁到 17 岁中的高中入学率的比例从 11％上升到 71％。[②] 在同一时期，大学入学人数也迅速增长，从 25 万上升到 150 万，大学适龄人口入学率从 2％上升到 9％。[③]

因此，20 世纪初上高中成为工人阶级和中产阶级家庭的标准，而上大学则是中上阶层家庭的标准。[④] 对每个群体来说，这个水平的教育有助于保证他们的孩子获得向上流动的机会或保持社会地位。至美国参加第二次世界大战之时，高中已经饱和，大多数符合条件的优等生已经进入大学。因此工人阶级消费者越来越多地将注意力转向大学，并将上大学作为获取教育优势的新领域。曾经上高中，可以让你的孩子在社会地位的竞争中脱颖而出，但是如今只有上大学才能帮助他们取得成功。

因此，进入更加精英主义的领域的需求，变得更加强烈。特

---

① U.S. Bureau of the Census 1975, table H‑424.

② U.S. Dept of Education 1993, table 9.

③ Ibid., table 24.

④ Levine 1986.

别是在二战结束之后，面临诸多军人牺牲的状况，拒绝民众上大学的需求在政治上已经是不可能的事。《退伍军人法案》(*The GI Bill*)为退伍军人上大学提供了资金，极大地激励了大学规模扩大，并且满足了新的需求。大学入学人数也从 1940 年的 150 万激增到 1950 年的 240 万。但是直到退伍军人离开之后，入学率的增长速度仍然在加快，最大的一次增长发生在 20 世纪 60 年代。大学入学人数在 1960 年达到 360 万人，1970 年达到 800 万人，1980 年达到 1 160 万人。[①] 在这 40 年结束时，上大学的学生人数比战争之初增加了 8 倍。

在短期内，教育机会经历了非同寻常的快速扩张。在高中扩张期间所形成的模式，在大学的扩张过程中再次上演。新的入学人群并没有涌入两次世界大战期间成为中产阶级学生母校的那些机构。高等教育系统创建了一系列新的较低层次的机构，为学生的涌入腾出空间，从而让大学的中产阶级核心客户群体，能够在原有的机构中不受冲击。这些精英机构，并没有在更多的需求面前变得更加开放入学，而是变得更加难以进入。

直到 20 世纪 40 年代，美国的大学招收学生时，几乎不怎么关注学术表现和能力。不仅州立大学如此，位于系统顶尖的私立大学也不例外。如果你符合某些最低的学术要求并且能够支付学费，那么你就能被成功录取。但在二战后，美国高等教育系统内也出现了明显的分歧：一方面，有一些学院和大学抗逆教育扩张潮流，在录取方面标准越来越高；另一方面，也有新的机构以来

---

① U.S. Dept. of Education 1993, table 23.

者不拒的方式，实现了迅速的扩张。

这些欢迎新的入学人群的新机构是哪些呢？通常，现有公立大学会在州内的其他地区建立分校，最终发展成为一个独立的机构。19 世纪建立的作为培养教师的高中水平机构的前师范学校，在 20 世纪初演变成师范学院，而到 20 世纪中叶，它们演变成了为本州居民提供全方位服务的州立学院或大学。在此期间，一些新的城市学院（urban college）也随之出现，这些大学的目标人群是那些准备从事中层白领工作的学生，他们是不住校的走读生。美国高等教育系统中，新的较低层次中最大的参与者是社区学院，它提供的是两年制学习，帮助学生谋得低级的白领工作，或转到大学继续学习。由此社区学院很快成为全国最大的高等教育教学机构。到 1980 年，他们占据美国所有高等教育入学人数的 40%。[1]

这些新的学院和大学有几个共同的特点。与它们的前辈相比，它们更专注于本科教育，并为学生进入劳动力市场做准备。这些学校从周边地区吸纳学生，价格低廉，且几乎对所有申请者来者不拒。正是以上诸多原因，尤其是最后一个原因，导致他们在大学等级中也排在明显较低的位置。正如中等教育通过只允许新的入学人群进入新的综合高中的较低层次，从而实现扩大一样，高等教育也通过只允许新的入学人群进入新的高等教育系统分层结构的较低层次，从而实现了自身规模的扩大。

因此重新扩张和分层后的高等教育，保护了就读于原先具有

---

[1] U.S. Dept. of Education 1993, table 24.

筛选性机构的中上阶层学生,使他们免受来自就读于区域性大学和城市学院的较低层次的中产阶级学生以及就读社区学院的工人阶级的学生所带来的压力。与此同时,这些中上阶层的学生开始大量涌入法律、医学、商业和工程的研究生项目中,这很快成为获取教育优势的新领域。

根据家庭收入分列的学士学位获取数据显示,随着高等教育普及程度的大幅增加,上层社会的教育优势也在不断增加。从1965 年到 2013 年,收入最低的四分之一家庭获得学士学位的 24 岁人口比例从 6%上升到 9%,但收入最高的四分之一家庭获得学士学位的比例从 40%上升到 77%。这意味着在这一时期开始时,排名靠前的社会群体,获得学位的可能性比较低群体高 7 倍;但到最后,优势则增长到了 9 倍。[1] 如果观察进入大学的学生的学位最终获得情况,我们会看到同样的模式。从 1970 年到 2013 年,最终获得学士学位的四分之一底层学生的比例保持不变,从22%变为到 21%,而顶层四分之一学生的比例几乎翻了一番,从55%上升到 99%。这意味着顶尖群体的学位获取优势从 33%增长到 78%。[2]

如你所见,要求开放入学的需求与谋求保有精英特权的需求,都极为深刻地影响了美国教育系统的发展。这正是在自由民主国家的教育系统中,上演的一场魔术把戏。教育系统可以在不减少社会不平等程度的情况下,不断扩大教育机会;也可以在保

---

① Cahalan and Perna 2015,30‐31.

② 同上,32‐33.

持自身教育优势的同时,增加学生受教育的机会。每当教育系统的地板在升高之时,天花板也会随之升高。从这个意义上说,这样的教育系统的运行非常行之有效。因为它们只需要满足每个人的部分需求,而不需要对社会权力和特权的分配进行根本性的改变。在社会结构保持不变的情况下,其合法性也会随着学校教育的普及潮流,不断潮起潮落。

第六章
私立院校的优势及其对公立院校的影响

美国高等教育的特别之处在于,私立大学数量多于公立大学。与之相关的另一个特别之处是,私立大学拥有更高声誉。但在美国之外的世界,政府资助或管理的大学几乎完全占据了国家高等教育体系的顶端,私立机构则只能承担卑微和从属的角色:颁发声誉不佳的学位,招收资质较差的学生。但在美国,顶尖的私立大学贡献了更多的科研产出,享有更多的学术引用,招收更有才华的教师和学生,培养了更多的工商、政府和专业界精英。依据 2014 年上海交大发布的世界大学学术排名,美国大学中前 25 位中,有 16 所是私立大学。私立大学在榜单的顶端优势更加明显:前 10 中有 8 所私立大学。①

在本章中,我将探索私立机构在美国高等教育系统发展史中的独特角色:其优势的本质是什么? 对招收更多学生的公立机构而言,私立机构如何影响它们?

① Institute of Higher Education 2014.

一、区分差异

"私立大学"(private university)的概念,在美国有与众不同的含义。在印度和巴西等多数发展中国家,私立大学指的是营利性机构(for-profit institution)。这些机构的出现,是为了应对那些更古老和更有声望的公立大学所无法满足的高等教育需求。美国也有营利性机构,它们在 2000 年后大量出现,只占整个高等教育体系中一小部分,仅有不足 10% 的学生比例。[①] 在欧洲,私立大学存在已久,多数由宗教教派创办,但它们也会获得政府拨款,接受国家监管,与公立大学差异不大。在美国,私立大学不是营利性机构,它从政府获得法人特许状,但没有政府拨款,也不接受政府管理。当然,私立大学确实以几种重要途径从政府拨款中获益,诸如研究经费拨款、学生奖学金和贷款、私人捐赠的税收补贴等。但这些钱不会用于支付教工薪水、建筑经费,以及其他各项运营大学的核心支出。

然而,在美国高等教育发展史的大部分时间中,私立和公立的区分并不清晰。达特茅斯学院案之前,从政府取得法人特许状的机构,不管是学院还是商业公司,都被或多或少认为是"公立"。1819 年达特茅斯学院案的最高法院判决,政府不能侵犯法人机构的自主权。自此之后,州政府才开始建立明确由政府管理的大学和学院。

---

① NCES 2014, table 303.10.

但直至 20 世纪，私立和公立的分界依旧模糊。涉及经费问题时，更是如此。1910 年之前，州政府给公立大学的拨款，既不充足，也不稳定，只是与地产税或博彩税等特定税源绑定。直至 20 世纪初，当美国高等教育系统依照大学模式开始制度化改革之后，州政府才开始为公立机构提供常规的年度拨款。[1] 在此之前，"公立"也无法保证获得政府拨款，"私立"也不意味着无法获得政府拨款。

私立大学把它们自己称为"私立"，其实是晚近的事情，大致发生于它们争取州政府拨款的竞争失败之后。直至这个阶段，它们才开始炫耀自己的独立地位，期望以此吸引捐赠者。[2] 18 和 19 世纪时，私立学院也频繁接受政府拨款。它们大肆宣扬的"独立"，其实是后来的发明。大学领导者却将之追溯至遥远的过去，而那时他们的机构实际上既不追求更不真实享有所谓的"独立"。例如，1873 年哈佛大学校长查尔斯·艾略特反对成立联邦资助的国立大学（national university），他在演讲中说："我们的祖先非常懂得让人民自足自立的道理，自助者天助之。"[3]他没有提及的是，哈佛大学自诞生（1636 年）以来的前 150 年时间中，从马萨诸塞殖民地政府获得了不少于 100 次拨款，这说明哈佛完全没有"自足自立"。19 世纪后，这些公共补助仍在延续。1814 至 1823 年间，哈佛从州政府获得 10 万美元，相当于今天的 170 万美元。哈佛

---

[1]　Thelin 2004a, 29.

[2]　Thelin 1982, 88.

[3]　Quoted in Rudolph (1962), 185; inflation calculation from Morgan Friedman, "The Inflation Calculator," http://www.westegg.com/inflation/index.html.

并非个案,许多学院都急于获取公共救济。鲍登学院和威廉斯学院同时获得 3 万美元(相当于今天的 50 万美元)州拨款。这种模式在 19 世纪末仍然存在,比如哥伦比亚大学和宾夕法尼亚大学分别从州政府获得 14 000 美元(相当于今天的 360 万美元)和 28 700 美元(相当于今天的 740 万美元)。①

幸运的是,当政府逐渐向私立大学关上公共补贴的大门之时,它们从民间渠道募款的能力也在不断增强。第一,这受益于内战后美国经济的高速发展,校友们的财富得以增加,同时也变得更加慷慨。19 世纪后半期来自宗教教派的资助明显减少,因此校友捐赠对于填补此部分空缺极为重要。② 第二,伊斯拉·康奈尔(Ezra Cornell)、约翰·霍普金斯(John Hopkins)、约翰·洛克菲勒(John Rockefeller)、科尼利厄斯·范德比尔特(Cornelius Vanderbilt)和列维·斯坦福(Leland Stanford)等镀金时代涌现的超级慈善家们,他们能为新大学提供巨额捐赠,并且购买旧学院的冠名权。③ 第三,这受益于大学校长们,他们通过制度化方式筹款的能力愈发老练成熟。

哈佛的艾略特校长在诸多方面都是先驱,在建立制度化的筹款方面,亦是如此。在四十年的校长任期内,他建立起一套促进机构发展的财务系统。他如是概括:"在美国大学之间,以及美国与外国大学的竞争之中,那些拥有最充足自由金钱(free money)

---

① Rudolph (1962), 185 - 86; inflation calculation from Friedman, "The inflation Calculator.".

② Ben-David 1972,33.

③ Rudolph 1962,189.

的大学,将注定胜出。"①他所说的"自由金钱",指的是不受捐赠者制约,可以由大学自由支配的资金。它有助于大学摆脱对学生学费的依赖。为使捐赠者宽心,大学必须如谨慎的商人那般使用这笔钱。但与商人大不相同的是,大学必须始终保持赤字运行,这样才能始终保持对更多捐赠的渴求。这是艾略特策略的关键。②

　　20 世纪后,争取更多捐赠并使其发挥提升大学竞争力的关键作用,成为整个国家中那些野心勃勃的大学校长们(尤其是私立大学)的信条。作为这一群体中最富裕的一家,哈佛大学始终信奉艾略特的原则。1965 年,我在申请哈佛时在宣传册上看到的一小段话,至今仍令我印象深刻,它准确表达了艾略特的愿景:"金钱,与悠久的历史相似,并不能保证大学变得伟大,但它肯定有作用。"③

二、彼此的相对规模

　　在美国高等教育的历史长河中,私立学院首先出现。但内战之后,公立机构出现大规模的增长。各州建立它们自己的大学、赠地学院、师范学院,同时愈发不情愿再为私立机构提供公共拨款。尽管公立机构增长迅速,但在美国,私立机构的数量仍然非常庞大。1921 年(这一年才有对不同类型大学的可靠统计数字),

---

① Quoted in Kimball and Johnson 2012, 224
② Kimball and Johnson 2012, 224
③ 最近,我再次碰到了这种观点,这句话引自塞林(Thelin)的《美国高等教育史》

1162 所美国高等教育机构中有 644 所私立大学，占比 55%。[1] 此后两种类型的机构数量都在增长。但直到 20 世纪中期，仍是私立机构增长速度更快。1950 年，私立机构比例增长至 65%（1851 所中有 1210 所）。这个比例保持了 60 年有余，此间总体数量仍继续增长。2013 年 4726 所机构中有 3103 所私立，占比 66%。[2]

尽管私立机构在数量上仍保持优势，但它们已经逐渐失去了在总体学生比例方面的领先。这个趋势，其实是在相当漫长的时间段中形成的。尽管 19 世纪的私立学院规模普遍非常小，但那些拥有最多学生规模的机构，却几乎都是私立。1880 年，三分之二的大型大学（largest universities）属于私立。阿姆赫斯特学院与威斯康星大学的规模相当，耶鲁甚至超过密歇根大学。[3] 先行一步使它们在获取资源时拥有巨大优势，尤其是在公立机构的经费还远没有得到保障的时代。20 世纪初情况开始改变，公立机构的学生人数上涨。直至 1931 年，公立机构的学生人数才首次微小领先于私立机构。此后二者交替领先，1952 年之后公立机构才巩固了其优势地位。[4] 冷战后，剧增的高等教育公共经费发挥作用，公立机构的入学人数加速增长。1961 年，410 万大学生中有 62%就读于公立大学，1971 年则是 890 万中的 76%。之后三十年，总就读人数增长至 1590 万，公立大学比例维持在 78%左右。然后在 2011 年，由于新出现的营利性大学（for-profit college）入学人

---

[1] Carter et al. 2006, table Bc510 - 522.

[2] NCES 2014, table 317.10.

[3] Thelin 1982, 87 - 88.

[4] Carter et al. 2006, table Bc510 - 522.

数剧增,2 100 万大学生中公立就读比例降至 72%。[1]

三、私立的优势

在美国高等教育这个市场导向的高度分层体系中,公立大学的招生人数扩张,是一把双刃剑。冷战时期政府拨款和学生人数增加,使公立大学在聘用教师、校园建筑和研究设备投入等多方面获得了迅猛发展。但与此同时,这也导致它的招生标准降低。牢记这条定律:只有通过招生最严格的机构的选拔,才能进入美国高等教育系统顶端。排在系统前两级的私立研究型大学和赠地大学,也适用该定律。[2] 排名最靠前的公立大学,如伯克利和密歇根,录取标准一般会高于普通赠地学院或地区性公立大学。但如果它们的录取标准与精英私立大学一样高,在政治上是不可被接受的。对于本科生招生而言,更是如此。

设想一下,对于一所旗舰州立大学来说,拒绝大量本州居民的申请是一件多么困难的事情。的确,还有容易被录取的公立机构作为备选,如社区学院和地区大学。但消费者们清楚,研究型机构能提供最好的社会机遇,所以他们大量申请这些学校,同时也要面对被拒绝的概率越来越高的现实。例如在 20 世纪 90 年代中期至 2014 年,加州大学系统中最好的四所分校,本科录取率

---

[1] NCES 2014, table 303.10.

[2] 在卡耐基高等教育机构分类(2016)所使用的更详细的分类系统中,与之对等的层级是博士学位授予机构的前三个等级:最高级别研究层级,较高研究层级和中等研究层级。

下降了一半以上。最新数据显示，只有 16％的加州本州居民申请者能被洛杉矶分校录取。① 录取率下降，引发了激烈的政治争议，即使九所加州大学分校录取的本州学生比例能达到 61％。但总体而言，学生们总能被某个分校录取，虽然有时并非他们最中意的那个。与之对比，2014 年斯坦福大学只录取了 5％的申请者。2013 年，本科生录取率最低的 100 所美国大学中，80 所是私立机构；进入前 50 位的公立大学只有联邦军事院校和加州大学伯克利分校、洛杉矶分校。②

在美国高等教育系统维系平民主义与精英主义之间平衡的努力中，公立研究型机构一直维持着相比于私立大学较低的录取标准，以此加固平民主义这一侧。私立大学能免于被要求照顾大众的政治压力，从而占据更加精英主义的立场。这能促使它们在大学排名中占据有利位置。为何如此？ 因为大学排名多数会把录取率作为指标之一。《美国新闻和世界报道》制造的最有影响力的美国大学排名，就是如此。影响录取率的指标有学术声誉、录取比例、SAT／ACT 平均分、学生保有率等（Student Retention）＊、师生比和研究生比等。③ 前文中我提到的上海交大排名已经说明这种情况。2015 年《美国新闻和世界报道》的排名则更明显，私立大

---

① University of California Office of the president 2015, table 2.

② U. S. News and World Report 2015d.

＊ 译者注：Retention rate 学生保有率指的是某一年所有进入某所大学的学生中，次年继续留校就读的比例（统计一般只考虑大一和大二学生）。保有率越高，说明学生对这所大学越喜欢，第二年也就更愿意回到这所大学来学习，所以 US News 把保有率列为最重要的排名因素之一也就可以理解了。

③ U. S. News and World Report 2015b.

学与它们的公立同行相比有更巨大的优势:前十名全部为私立,前二十名占据十九所(只有加州大学伯克利分校挤进前二十),前三十名占据二十五所,前五十名占据三十五所。[1]

　　分析录取率,还可以换一个方向。不仅可以考虑大学在录取时如何精挑细选学生,也可以看看学生在面临多份大学录取邀请时,如何精挑细选。在市场导向的美国高等系统中,消费者偏好非常重要。卡洛琳·霍克斯比(Caroline M. Hoxby)和她的同事们的研究,尝试用独特的方式衡量学生消费者所表现出的偏好。他们分析学生们被多所大学录取后的选择。通过对43个州3 200名学生的数据样本进行统计,他们提供了一份依据消费者偏好程度排行的美国高等教育机构名单。这个排行更显示了私立大学的明显优势地位。前100位机构中,私立占据80席。在高端市场中,美国消费者们只喜欢私立部分。[2]

　　私立大学不仅从它们精英主义取向的录取政策中获益,而且也利用这一点,将机构重心从本科教学转移至研究生教育和研究领域。例如,比较旧金山湾区的两所竞争对手,斯坦福大学在2014—15学年有3 700名本科生和5 400名研究生;[3]伯克利有27 000名本科生和10 500名研究生。[4]所以,伯克利的本科生比斯坦福多四倍,占比为71%,而斯坦福则只有41%。这意味着,伯克利的教授们必须花费更多时间在大班级和低水平的课程中,

① U.S. News and World Report 2015c.

② Avery et al. 2004, table 3.

③ Stanford University 2015.

④ UC Berkley 2015.

留给研究生和做研究的时间会被压缩。这进一步意味着,私立学校在研究型大学机构质量的各项测评中,又占得先机:如博士生与教授的比例、每位教授平均研究经费等。

因为私立大学能将资源更集中于研究生教育和学术研究,它们也更有可能在多个学科的研究生项目排行中霸占统治地位。例如,依据《美国新闻和世界报道》排名,在经济学、物理、商业和法律等领域的研究生项目排行中,前五名都属于私立大学;前五中四席属于私立大学的学科,有历史、英语、数学、医学、生物、化学和工程;前五中占三席的有计算机科学,两席则有心理学和社会学。① 私立大学在诸多领域的研究生项目的优势,可以自我复制和巩固,因为顶尖系科倾向于聘用其他一流系科的毕业生。

瓦尔·贝尔雷斯(Val Burris)对拥有博士授予权的94家美国大学的社会学系的聘用情况展开研究。他发现,在排名前五名的社会学系所聘用的教师中,56%是来自其他前五名学系的毕业生,只有9%是低于前二十名的毕业生。总体来说,前五名为所有94个社会学系提供了三分之一的教师,前二十名提供了三分之二。因为顶尖系科在其所在领域中生产未来教师的优势地位,6%的教师在毕业后向上流动(意味着聘用他们的系科,排名高于他们毕业的系科),54%是向下流动,40%维持在同一档次。所以,排名中的顶端系科会一直占据顶端,变动极小。在五个最有影响力的社会学系排名中,芝加哥大学、加州大学伯克利分校、哈佛大学和密歇根大学的四个社会学系,出现在所有排行榜单中的

----

① U.S. News and World Report 2015a.

前 8 名,哥伦比亚大学和北卡罗来纳大学则在五个排行榜的前八名中出现四次。[1] 社会学是一个特殊领域,公立大学还能在顶端保持相对竞争力。但这项研究表明,最好的学术系科会始终维持其地位,它们为排名较低的系科,提供了极高比例的教师队伍。正如我们所知,在大多数学术专业领域中,都是私立大学占据优势。这导致的结果就是,私立大学为公立机构提供了非常高比例的教师人员。

四、私立优势的根源

那么美国高等教育系统中私立大学的优势,究竟根源何在?我们已经剖析了一项优势——私立机构能够缩小本科项目规模,提高录取标准,更聚焦研究生教学和研究。爱德华·希尔斯(Edward Shils)的《美国私立大学》(*American Private University*)提供了对该问题的经典分析,提出为私立大学带来优势的另外三种因素,他称之为自主(sovereignty)、富裕(affluence)和传统(tradition)。

1. 自主
与公立同行相比,私立大学更能掌握自己的发展道路。校长对董事会负责,董事会拥有大学,对其行使信托责任,同时选聘校长。董事会由外行(一般不是学术界人士)组成,通常是校友和热

---

[1] Burris 2004.

心赞助者,近些年还有慷慨捐赠者加入。在第三章我提及过,19世纪晚期时,董事会成员从神职人员转变为商界和专业人士。董事会成员的产生,有的是由董事会自己选择,有的是由校友们选举,抑或二者结合。

公立大学的治理结构在每个州都不同。但它们都要接受委员会控制,这个委员会的政治权力源自州政府,要么是由州宪法授权建立,要么是立法机构授权创建。委员会成员,可能是由州长或其他民选官员任命(需由立法机构表决或否决),或者由公民选举产生,但这比较少见。委员会制定学术政策,确立财务管理的指导方针。少数州立大学有自己的委员会,但通常情况是,它是州高等教育系统的一部分,州高等教育委员会有权监管系统中的所有大学。例如,加州有三个系统:加州大学系统(10个分校)、加州州立系统(23个分校)和社区学院系统(112个分校)。每个加州大学校区都有自己的校长(chancellor),他对整个系统的校长(president)负责,而整个系统的校长又要对加州大学系统委员会(UC board Regent)负责。加州州立大学系统的结构类似,但系统赋予每个分校的自主权要少一些。

如果询问私立大学的高层管理人员关于大学自主权的问题,他们一定会抱怨联邦和州的法律监管的束缚。但他们也会惊呼,公立机构的情况会更糟。其中一个麻烦的源头是,公立大学要取得一层又一层的外行权威和官僚系统的许可,从学校到州立大学系统,再到委员会,再到州长和州议会,才能做决定。这就导致公立大学不能像私立大学那样,将决策链都掌控在自己手中以能够迅速行动。另一个麻烦源头,当然与政治有关。任何学校层面的行动,如确定录取比例、收取学费、项目变动,都必须考虑对政治图景以及对立法者和选民中的民意舆情造成的广泛影响。而私立大学的领导人不仅少了官僚系统束缚,更少了政治牵制。

对公立机构的学术领导人而言,最后一个,或许也是最重要的问题是,他们或多或少都要严重仰赖州长或州议会,才能获得运行大学所需的持续经费。我们在下一章会看到,这些经费可能增加,正如冷战时代那样;也可能萎缩,正如 1989 年之后。不管怎样,这都是一笔无法自己掌控的财源。在多数州,高等教育经费是弹性预算(discretionary budget)中最大的一部分。初等和中等教育经费由州宪法保障,但州议会拥有裁定高等教育经费多少的自由空间。① 结果就是,不同州给大学的经费差异极大。美国公立大学长期面临着这种不稳定的状况,并且有着长达 150 年应对公立经费不足的历史经验,它们已经发展出获取替代性财源的策略,主要依靠学费、捐赠和研究经费。但即使如此,这些项目依然有限制。尽管州政府为公立大学提供的经费达不到它们期待的水准,但它也不愿意授权大学上涨学费,因为这会引起公众抗议。还有一个更糟糕的反馈效应:州立大学争取替代性财源的努力越成功,州政府就会更加觉得,自己没有为其提供资助的义务。

私立大学自主性的优势是什么? 前文已述,就是它不用承担教育大量本科生的压力。私立大学可以只录取最优秀的本科申请者,把资源集中于研究生教育和学术研究。这造就了私立大学

---

① Zumeta 2004,85.

在学术研究上的优异表现以及较高的科研产出,使得它可以通过自己的博士毕业生,将公立研究型大学"殖民化"(colonize)。

另一个优势是,私立大学能够更加敏锐地把握新的学术机遇,开设新项目,在不断变化的高等教育市场中,更有效从容地竞争。不需要搞定由外行控制的官僚系统,也不用费心讨好政治长官,私立大学的管理者和教授们有更大自由,去做任何对他们自己职业生涯或者机构有益的事情。没有相对繁文缛节的束缚,私立大学发展出一种企业文化(culture of entrepreneurship),有自主活动空间去追求各种雄心抱负。私立大学没有稳定的政府财源支持,必须通过市场竞争获取声望、经费和付费学生,也会促进这种变化。卡洛琳·霍克斯比与助手们关于欧洲与美国大学的研究,证实了机构自主和竞争与世界高等教育系统中的高排名存在关联。他们发现"大学来自政府拨款的预算比例每上升 1%,上海指数(Shanghai Index)的排名得分会下降 3. 2"。与之相反,"大学来自竞争性捐赠的预算比例每上升 1%,排名得分则会增加 6. 5%"[①]。他们也发现,享有更多自主和竞争的大学,科研产出也更高(以专利数量衡量)。

2. 富裕

美国的私立大学远比它们的公立同行富裕很多,而且这些财富本身就集中于少数几所顶端的私立大学。穆迪公司为美国 500 所大学进行财务统计,它们累计招收了全国 80% 的四年制本科

---

① Aghion et al. 2010,12.

生。结果发现：最富裕（包括现金和投资）的 10 所大学，占这 500
所大学总财富的三分之一；排行前四十位大学的财富占比达三分
之二。当然，排名靠前的学校几乎都是私立的。① 如果根据获取
捐赠的数额这个衡量大学财富的最常见指标进行排名，那么 2014
年排名前十的大学为：

哈佛大学	359 亿美元
耶鲁大学	239 亿美元
斯坦福大学	214 亿美元
普林斯顿大学	210 亿美元
麻省理工学院	124 亿美元
西北大学	98 亿美元
密歇根州立大学	97 亿美元
宾夕法尼亚大学	96 亿美元
哥伦比亚大学	92 亿美元
圣母大学	80 亿美元

　　密歇根大学是唯一进入前十的公立大学。只有 13 所公立大
学进入前五十。此外，还有三个州立高等教育系统进入前五十，
包括得州大学系统、得州农工大学系统和加州大学系统，但它们
其实不是一所机构，而是拥有多所分校。②

————————

① Korn 2015.
② Boston college （2014）; drawn from the 2014 NACUBO-Commonfund Study of
Endowments.

那些最富裕的大学也是在单一年份内筹款最多的大学。2013 年，筹款数量排名前十的全部是私立大学，斯坦福大学以 931 000 000 美元排名第一。第十一位是加州大学洛杉矶分校，420 000 000 美元。[1] 大学捐赠占据了美国慈善事业的很大份额。一项研究表明："1994 至 1995 年度，最大的 400 个慈善机构总计募集 224 亿美元。在这 400 所机构中，有 151 所大学共募集 70 亿美元。这个数字占据了所有高等教育机构筹款总额（124 亿美元）的一半。[2]

回忆一下哈佛招生手册上的智慧格言："金钱，与悠久历史相似，并不能保证大学变得伟大，但它肯定有作用。"的确如此。让我们分析一下原因。第一，最富裕的大学，在大学排名中也居于顶端。前面列出的 10 所最富裕的大学，其中有 6 所在软科排名中进入前十。除圣母大学之外，其余大学都在前二十。7 所进入世界前二十，它们都是私立大学。[3]

第二，金钱能够招募人才。大学排名很大程度上取决于教师的成就，这主要通过他们获得的研究经费、发表的学术著作的被引次数、获得奖项、在国家性团体担任领导职务等指标进行衡量。排名靠前的机构，可以用它们的声望吸引更多顶级学者，从而巩固自己的地位。机构地位是学术世界中的"硬通货"。在学术会议上，人们会通过看你胸前名牌（name brand）的单位名称，判断你是否是重要人物。对于那些追求职业发展的学者，机构头衔的

---

[1] Chronicle of Higher Education (2014b). 我忽略了得州和加州两大大学系统筹集的资金。

[2] Mora and Nugent 1998, 114.

[3] Institute of Higher Education 2014.

诱惑是令人无法抗拒的。名牌很重要。举个例子,十余年前,当我从密歇根州立大学来到斯坦福大学,似乎一夜之间就变得厉害了很多。诸如加入编辑委员会、发表演讲,为新书宣传和参加研究项目的邀请像雪片般向我飞来。这就是机构头衔的效应。

　　富裕的学校不仅能用机构声望吸引学者,它们也会开出更高的薪资。私立大学的平均薪资比公立大学只稍高一点。但这只是因为,许多私立博雅学院相对较穷。工资最高的私立大学与公立大学,两者比较,差距显著。2013 至 2014 学年,十所全职教授收入最高的私立大学,其平均薪资的范围从斯坦福大学的 210 000 美元到普林斯顿大学的 186 000 美元不等。公立大学的平均薪资范围则是从加州大学洛杉矶分校的 170 000 美元到弗吉尼亚大学的 145 000 美元。就公立和私立整体而言,收入前十名的私立大学比前十名的公立大学的平均薪资,每年要多 44 000 美元,领先 29％。[①] 这个差距每年都在扩大。一项研究表明,1980 年私立大学的正教授比公立大学收入仅高 2％,1990 年增长到 20％,1998 年则涨至 29％。[②]

　　财富还会给大学带来其他益处。如果你在顶尖公立大学的校园走走,然后再去顶尖私立大学,你会发现其中的差别。在私立大学,建筑更新且有更好的维护,校园环境更宜人,教室、宿舍和公共区域更整洁明亮,教师办公室装修更精致,预约实验室的成功机会更多。但还有一些你不能直接看到的差别,诸如信息技

[①] Chronicle of Higher Education 2015.

[②] Alexander 2001, fig. 1.

术支持、教师出差预算、研究生补助、职业服务（career service）和娱乐设施。这甚至会影响学生开支。顶尖私立大学学费的挂牌价（sticker price）要高很多。例如，2014 年西北大学一年学费为50 000 美元，密歇根大学仅为 14 000 美元（本州学生）。但顶尖私立名校有充足的捐赠，可以使它们为学生大幅打折，所以中低收入的家庭也可能会发现选择私立大学就读其实没有那么昂贵。即使不是最顶尖的名校，私立大学也更有能力为那些表现优异且能支付全额学费的学生提供优秀奖学金。通过以上这些方式，财富使得私立大学在招募学生和教师时的吸引力十足，选拔标准也高。这都会让它看起来更加耀眼。

最后，财富可以吸引更多的财富。一所私立大学的高学术地位，部分由其雄厚的财力所创造，这同时也意味着家长愿意花更多的钱把孩子送进来，从而带来丰厚的学费收入。在美国高等教育的市场分层中，高学费是高品质的标志。一所收费明显低于同行的私立大学，代表着它们可能不是同一档次。[1] 所以，私立大学会设定与它认为属于同一档次的挂牌价（学费），然后再提供大力度的优惠折扣。

研究经费与捐赠的获取，采取的也是类似模式。研究资助机构会倾向于向拥有最多人才和学术资源的大学提供资助，因为这代表它们更可能成功完成研究。所以，经费会流向那些始终是最多经费获赠者的大学。捐赠者也是如此。慈善家也喜欢给胜利者投资，在这里他们能看到他们捐赠的积极效果。正如学费是

---

[1] Riggs 2011.

质量的标志,经费也是。所以,最需要捐赠的学院得到的最少,富裕的反而会更加富裕。为富裕的私立大学提供捐赠,不仅是低风险高回报的投资,也会为捐赠者提供与声望卓著的机构产生关联而带来的荣耀。一位捐赠者可能在其一生中积累了无数财富,但与顶尖私立大学产生关联——以他的名字命名建筑或者担任讲席教授——才会为他带来那种只有伟大的大学才能赋予的文化资本。

所以,财富为私立大学带来许多优势。但请记住,几乎没有私立大学可以在没有政府直接或间接补贴的情况下生存。只有极少数的机构是例外,例如希尔斯代尔学院(Hillsdale College),拒绝服从政府对其运营施加的任何限制。此外,大学捐赠将获得联邦税减免的优待,了解这一点很重要。2014 年,联邦税率的最高等级达到 39.6%。这意味着捐赠一百万美元,实际净支出只是604 000 美元,因为可以获得 396 000 美元的联邦税补贴。这些钱算入大学经费,它的增值将被免税。此外,所有的研究型大学都十分仰赖来自联邦政府的研究经费。联邦政府慷慨地允许,依靠其经费研究的创新专利的所有权和市场收益,归大学所有。当然,还有联邦政府帮助学生进入大学提供的经费和贷款。

3. 传统

私立大学之所以富裕,部分得益于它们悠久的历史。它们是最早出现的大学。在美国高等教育中苗壮成长的公立机构出现之前,只有虚弱和贫穷的私立机构。最早的私立学院,既不富裕也不稳定。但它们在 19 世纪前期已经出现并存活,而此时各州普遍建立公立机构的行动还尚未开始。20 世纪初,私立机构处于绝对领先地位，此时公立大学刚开始获得稳定的年度拨款，这才得以确保自身的稳定生存。直至 20 世纪中期，公立大学才拥有全国在校生的多数。

东北部的私立学院在殖民地时代就已经出现，比公立机构的诞生早很久。它们长期拥有优势地位，直至今日。所以，这个区域的公立大学发展很慢，直至借助联邦的赠地拨款才得以建立。1636 年哈佛大学已经存在，因而直至 227 年之后的 1863 年，该地区都没有建立马萨诸塞大学（University of Massachusetts）的需要。因为耶鲁大学（1718），康涅狄格特大学（University of Connecticut）直至 1881 年才得以建立。当州政府开始着手创办公立大学时，他们经常发现校名已被占用。新泽西州有一所历史悠久的殖民地学院，最初叫作王后学院（Queens College）（1766 年建立），后为纪念捐赠者，改名为罗格斯大学（Rutgers University）（1825 年），它在 1864 年战胜普林斯顿大学，取得联邦赠地收入。新泽西州的州立大学建立时，因普林斯顿大学的官方名称曾经是新泽西学院（College of New Jersey），所以这所新公立机构只好尴尬地称自己为"新泽西州立罗格斯大学（Rutgers, The State University of New Jersey）。1755 年，宾夕法尼亚大学就已经取得特许状，所以 1855 年该州取得联邦赠地后，只能把新机构命名为宾州州立学院（Pennsylvania State College）。一个世纪后，它才取得大学头衔。*

新建院校中最尴尬的极端案例发生在纽约州。该州 19 世纪

---

* 译者注：即今天的宾州州立大学。

就已经建立了师范学校和农业学校，但直至 1948 年才开始规划州立高等教育系统。麻烦之一源自哥伦比亚大学，它建立于两百余年前的 1754 年（最初叫作国王学院，但这在独立战争之后成为一个尴尬的校名）。这导致公立大学迟迟没有建立。而当公立大学计划出台时，"纽约大学"（New York University）的名号也已经被一所私立机构使用（建立于 1831 年）。所以新系统只能采用不那么顺口的名字——纽约州立大学（State University of New York，SUNY）。所以，东北部的公立大学难以将自己打造成为优秀的研究型大学，就不足为奇了。因此美国最卓越的公立研究型大学都位于西部（加州大学伯克利分校、加州大学洛杉矶分校）和中部（密歇根大学与威斯康星大学）地区，因为它们不必和那些树大根深、历史悠久的私立大学竞争。

悠久的历史带来的优势十分巨大。如果你先到一步，就有机会锁定那些关键资源，使后来者很难再插入一脚，分走一杯羹。人才就是这样一种资源。你可以选择那些最好的学者加入你的教师队伍，后来者只能在你放弃的人中再度搜寻。即使后来者可以用这些二流学者维持运转，它也很难成功追赶。在新学院中工作的教师们，希望尽可能按照历史悠久的大学的方式工作，以此证明他们也属于第一流的人才。

生源竞争也遵循同样的模式。这些古老的大学都是名牌大学，每个人都渴望就读于名牌大学，并从中捞得好处。因此，上什么大学，差别很大。例子一：约翰·邦廷（John Bunting）出身于工人阶层，他在 20 世纪 70 年代跃升成为费城一家大银行的总裁。他曾调侃自己毕业于"天普-哦（Temple O）大学"。因为当他告诉别人他曾就读于费城的天普大学（Temple University），而不是那所更为知名的宾夕法尼亚大学时，别人总会用吃惊的口吻说："哦。"例子二：2015 年，美国最高法院的 9 位大法官不是毕业于耶鲁法学院，就是哈佛法学院，没有一个人在本科和研究生阶段，有就读于公立大学的经历。上一位从公立院校取得学位的美国总统还是吉米·卡特（Jimmy Carter），他毕业于海军学院（Naval Academy）。实际上如果不把军事学院算入，1850 年以来只有三位总统毕业于公立院校：本杰明·哈里森（Benjamin Harrison）、杰拉尔德·福特（Gerald Ford）和林登·约翰逊（Lyndon Johnson）。所以对于把上大学作为向社会上层流动或维持社会优势的人来说，就读于最古老的大学和最有声望的大学（二者通常高度统一）的好处显而易见。

　　一个地区中最古老的学院，会深度嵌入当地阶层结构之中，这也是悠久的历史带来的另一项好处。作为当地的唯一店家，这所学院垄断了当地名流家庭的教育业务。375 年以来，哈佛大学的毕业生成为波士顿的社会、经济和政治精英。马萨诸塞大学拿什么与之竞争呢？这不仅与吸引最聪明的学生就读有关，更关键的是它建立了财富、地位和权力同盟。1961 年，哈佛大学招生部主任威尔伯·本德（Wilbur J. Bender）在《哈佛校友通讯》（*Harvard Alumni Bulletin*）发表了一篇标题很有趣的文章《前百分之一政策：严格审查哈佛学术精英的危险》（*The Top-One Percent Policy：A Hard Look at Danger of Academically Elite Harvard*）。[1] 他的观

---

① Karabel 2005, 252 - 53; Bender 1961.

点很简单：哈佛当然可以只录取那些在学术上最有天分的孩子，但这样做是一个错误。与之相反，哈佛在录取时应考虑社会精英和学术精英的平衡。前者将成为领导人，能强化哈佛与权力核心的联系，增强哈佛的社会和文化影响力，而后者只会成为"学者、科学家和教师"。他指出，富兰克林·罗斯福（Franklin Roosevelt）和西奥多·罗斯福（Theodore Roosevelt）都不是好学生，但如果不录取他们，将无助于提升"哈佛的世界影响力"。他继续论述：

> "前百分之一政策"关乎哈佛未来的财务状况，这是一个全局性的实际问题。哈佛是一所伟大的大学，一部分要归功于它的富裕；不过它的富裕也是由它的伟大造就的。哈佛的财富，源自绅士（gentlemen）和学者（scholar）的特殊结合。不论出于何种原因，绅士为学者提供了实质性的赞助。哈佛学院所筹募的8亿2000万美元，并不来自学者、论文和美国大学联谊会。[1]

与社会精英建立关联，不仅增强了哈佛的财富和影响力，还吸引了更多学生。进入这所大学，不仅会提供能证明你的才智能力的文凭，还能帮你建立通向更广大的权力网络的渠道。这使得哈佛拥有双重吸引力，因为它为你赋予了文化资本和社会资本，也就是"有用的知识技能"和"有用的社会关系"。当然，历史悠久

---

[1] Bender 1961, 24, emphasis in original.

的学院与有权势的人们建立的社会关联,帮助学院打通了富裕捐赠者们的特权通道。所以,悠久的历史是实现富裕的重要因素。

常春藤联盟位居这些历史悠久和财源充足的私立大学的中心。八所大学中的七所(康奈尔大学除外)建校于殖民地时代。殖民地学院中,不属于常春藤的是罗格斯大学和威廉玛丽学院。尽管这些学院很古老,但"常春藤"这个标签却是项新发明。20 世纪 30 年代的体育新闻版面最早提出"常春藤"的说法;而常春藤体育联盟直至 1954 年才正式建立。这提醒我们,美国最古老的学院与其欧洲前辈比起来,仍然显得太年轻。在美国,18 世纪建立的学院已经是非常了不起的成就,但与 11 和 12 世纪建立的博洛尼亚大学、巴黎大学和牛津大学比起来,它们还只是婴儿。

"常春藤"的比喻,源自 19 世纪晚期发明的传统。此时美国高等教育市场挤满了竞争者,因此古老的学院开始强调它们悠久的历史,以此作为区分它者的标志。毕业生们种下常春藤,使它们爬满墙壁,以此仿效广受认可的欧洲古老大学。这个时代,美国高等教育还创造出许多"新鲜传统"(instant tradition)。19 世纪 90 年代之前,美国大学建筑风格杂乱无章且毫无特色。但大学突然开始趋之若鹜地模仿中世纪修道院风格,采用哥特式尖顶建筑,建造四方庭院。

竞争对手不仅是大量涌现的公立院校,更主要的是 19 世纪晚期新建的几所私立大学。相比于其他旧式私立大学,它们拥有的两个巨大优势,使常春藤大学的管理者们产生了发自内心的担忧惊慌。第一,它们的建校起点是最先进的研究型大学模式,而老学校只有逐渐改造,才能跟上形势。这使早先建立的大学,即使历史并不算悠久,但也显得已经过时。第二,常春藤学校在财政困难的条件下缓慢生存发展,但这些新大学则利用镀金时代的大金主们的巨额捐赠,似乎在一夜之间就崛起成为形态完整的大学。相比之下,霍普金斯、范德比尔特、洛克菲勒(芝加哥)、杜克和斯坦福等慈善家的财富,捐赠给常春藤的比例则少很多。这也是常春藤大学不断革新以应对后起之秀挑战的时代。在哈佛大学艾略特校长的领导下,常春藤大学也在争取大量实质性的捐赠。

五、美国高等教育系统中的私立与公立的混合

美国私立大学的独特特点为它们带来相比于公立大学的巨大优势。但是,美国公立大学也吸纳了其中的部分特点,这也赋予它们相较于世界其他国家公立大学的巨大优势。因此,美国的私立和公立大学共享一些重要特质。曾在 20 世纪 60 和 70 年代担任加州伯克利大学校长和加州大学系统总校长的克拉克·科尔如是说:"现代美国大学,不是牛津,也不是柏林大学,它是世界中一种新的机构类型。这种新机构类型,既不是真正的私立,也不是真正的公立;它既不完全是世界的,也不完全脱离世界。它是独特的。"①

美国的私立大学不是"真正的私立",这句话就是它的字面意思,因为它们是服务于公共利益的非营利性机构。近些年,营利

---

① Kerr 2001,1.

性高等教育机构作为重要参与者的涌现，使二者之间的区别愈发清晰。营利性高等教育机构为学生客户提供教育服务，为股东增添收益。它们也许会为学生和社会带来益处，但这只是它们的核心使命——投资收益最大化——的副作用而已。和其他大学一样，它们也需要加入吸引付费学生的竞争。但非营利性大学会通过动用捐赠收入，以及制定富学生和穷学生的学费调节方案等手段，为学生提供补贴。例如，2014 年斯坦福大学的本科学费是44 000 美元，但来自年收入低于 125 000 美元家庭的学生不用交一分钱。2015 年，《财富》杂志将斯坦福大学评选为投入和收益比最佳的大学。[①]

营利性大学则不提供这种补贴。相反，它依赖那些有资格获得联邦资助和贷款的学生客户。学生客户愿意申请联邦资助和贷款用于支付全部学费。就读于营利性大学的学生，很少有人能只靠自己就能支付学费。只有 21％的学生属于全国收入前 50％的人群；57％的学生属于收入水平中的最后四分之一。而在社区学院，这一比例只有 40％；四年制的公立或私立本科学院，则只有25％。[②]因此如果没有联邦经费，营利性高等教育机构的生意就难以为继。2015 年，这条产业链就曾发生这样一件事：

> 科林斯学院，是曾被华尔街看好的一家营利性学院公司，本周一申请破产。它欠下 1 亿 4 千 300 万美元债务，但总

---

① Money 2015.

② Pell Institute and Pennahead 2015, 17.

资产已不足 2 000 万美元。柯林斯学院总部位于加州圣安娜，在埃弗雷特、希尔德和俄亥俄科技三个校区拥有 10 万注册学生。最近几年，该公司面临非法招生、学生安置不合规和毕业率不达标等指控。去年，教育部取消它获得联邦学生补助的资格，这促使该公司陷入了死亡漩涡，不得不将其校区出售。[①]

私立大学也有一些额外特征，使它们看起来像公立大学。尽管它们享有的自主权可以允许它们直白地宣扬其精英主义特色，但其实整个社会系统都在强烈阻止它们这样做。相比于公立大学，它们有条件把重心更多地放在研究生教育上，但如果没有本科生，它们也无法生存和发展。弗莱克斯纳当年的理想——建立一所纯粹致力于研究和研究生项目的大学——不断被重新提起，但它在美国从没被真正推动。约翰·霍普金斯大学曾简单尝试，但很快选择放弃。克拉克大学坚持得更久，但付出了排名直线跌落的代价。罗伯特·梅纳德·哈钦斯（Robert Maynard Hutchins）时代的芝加哥大学曾钟情于这个想法，但从未真正实施，尽管他曾废除了一支一流的橄榄球队。问题的关键在于，美国高等教育系统享有的宽广的政治、社会和经济的支持基础，有赖于大学能够在三种核心功能——平民主义、精英主义和实用主义之间维持平衡。

庞大的本科生群体，是维系研究活动和研究生教育的关键，

① Lewin 2015.

后者是大学中的精英主义元素。本科生学费能为研究和研究生项目提供资金补贴;建立大学与社区之间的联系渠道,使私立大学也显得颇有社会亲和力。体育比赛,尤其是橄榄球和篮球,强化了大学的平民主义色彩。这让大学不是高高在上,远离社会喧嚣的机构。常春藤学校能够凭借自身的悠久历史和显赫财富,成功地建立和运行只属于它们自己的体育联赛。但其他私立大学会在各种体育联赛中与公立大学玩在一起。斯坦福大学和南加州大学、伯克利大学、俄勒冈州立大学等公立大学一起组成太平洋十二校联盟(Pacific - 12 Conference)。波士顿学院、杜克大学、迈阿密大学、圣母大学、雪城大学,与佛罗里达州立大学和北卡罗纳大学等公立大学,共同参加大西洋沿岸联盟(Atlantic Coast Conference)。校际体育中,拥有庞大学生群体的大学往往会占得先机,但私立大学因规模一般较小,会处于劣势。在大型体育运动中,比如橄榄球,私立大学很难竞争进入第一分区(Division Ⅰ);它们在篮球领域还有点竞争力,比如范德堡(Vanderbilt)、维拉诺瓦(Villanova)和宾大(Penn)。尽管如此,公立大学和私立大学彼此之间依然十分相似,难以分辨。即便我讲了这么多公立和私立的区别,我还是需要经常上网搜索,以便确定某一所大学到底是什么类别。

美国的私立大学不是真正的私立,公立大学也不是真正的公立。如同它们的私立同行一样,公立大学也极其仰赖学生学费,从捐赠中获得大量财源,积极争取研究经费,与产业界建立商业关系。简而言之,它们也如同高等教育竞争市场中的企业机构般运行。这是因为它们诞生于独特的美国高等教育系统之中,在这里必须如此。私立大学最早在美国土壤中破壳而出。政府太贫弱，无法提供公共经费，市场经济则填补了空缺。学院的建立，是为了在土地资源丰富和买家选项众多的市场环境中，提升土地价格；也是为了在教派林立和信众选择众多的环境中，促进传教事业。当政府着手建立公立大学之时，这个系统已经稳固确立。新的公立机构不能改变系统的基因，因为相同的环境条件仍未改变。政府没有足够经费为新建的公立大学提供完全支持，它甚至觉得无此必要：因为大学自己养活自己的模式早已确立。

美国的公立大学成长于市场导向的高等教育系统中，这逼迫它们在竞争性市场环境，学习有效运转的策略。它们学得很好，也把握了为私立大学带来优势的三种特征——自主、富裕和传统，只不过是以弱化版本的方式存在。三者中，最重要的还是自主。

美国私立大学比公立大学享有更多自主权，但美国公立大学也比世界其他国家的公立大学享有更多自主权。在多数国家，大学服从政府管理，它们的管理人员和教授属于公务员。尽管它们在学术事务方面拥有一些源自传统的自主性，但经费、工资和招生，都是由政府决定。美国公立大学有更大的自主空间，而且越好的大学，自主权越大。一项关于大学自主与大学科研产出之间关系的研究提到，美国各州的公立大学的自主权差异很大，它们面临的来自本州私立大学的竞争激烈程度也不一样。研究发现，大学的自主权越大，面临的竞争越激烈，该州的公立大学的科研产出就越高。[1] 研究者以上海全球大学排名作为测量"大学产出"

---

[1] Aghion et al. 2010, 2.

的指标，该排名包括学术引用和研究奖项等数据。数据显示，自主权大学与大学排名高低密切相关。华盛顿、科罗拉多、夏威夷、特拉华、加利福尼亚、马里兰、威斯康星、明尼苏达和密歇根等州的州立大学享有较大自主权，排名也较高。阿肯色、南卡罗纳、路易斯安那、堪萨斯、爱达荷、南达科他和怀俄明州的州立大学，则两项都低。①

美国公立大学的自主性大小可分为三个档次。自主性最大的是州宪法自主（constitutional autonomy），也就是州宪法明文保护大学免受州长和议会干扰。密歇根、明尼苏达、加利福尼亚和科罗拉多属于此类。密歇根州宪法中的保护性条款这样说："本法赋予高等教育机构自我管理，以及掌握机构开支的权利，不受本条款限制。"②密歇根州三所顶尖的州立大学，密歇根大学、密歇根州立大学和韦恩州立大学，其董事会成员在全州范围内选举产生。但其他大学，主要是之前的师范学院，其董事会则由州长任命。1870 年，加州宪法规定加州大学董事会为公共信托（Public trust），享有自主决定开办新校区、确定教育项目和制定录取标准的权利。加州大学伯克利分校与密歇根大学一直以来被评为美国最好的两所公立大学，这并非偶然。2014 年，它们在全球大学排名中分别位居第 4 和第 17。同样引人注目的还有，10 所加州大学的分校中，有 4 所进入全球前 20，6 所进入前 50。另外两所享有宪法自主权的公立大学，明尼苏达大学和科罗拉多州立大

---

① Aghion et al. 2010，10 - 11.

② Quoted in Martinez and Nodine (1997)，167n11.

学,分别排名 30 和 34 位。①

　　第二个档次的自主性,是赋予公立大学以公共法人(public corporation)的地位,这限制了州议会对其干扰的程度。威斯康星大学、伊利诺伊大学、马里兰大学和夏威夷大学属于此类。它们看上去还算成功。在世界大学排名中,威斯康星大学居于第 24 位,伊利诺伊大学第 28 位,马里兰大学第 43 位。

　　最低层次的自主性是法令性(statutory)自主。它意味着立法机构通过法令形式确立大学的自主权,但它也有权随时改变。处于这种情形中的大学,掌控自身命运的可能性较低。但大学自治和免受干扰的传统,还是能作为大学与州政府之间的缓冲地带。这也能带来一些好处。华盛顿大学、北卡罗来纳大学和得克萨斯大学三所大学也能进入世界前四十名。相较之下,欧洲大陆上的所有大学只有三所进入前四十位,它们更多被视为政府部门而非独立机构。②

　　美国公立大学不仅部分享有其私立同行的自主性,也拥有相当数量的财富。在经费排名前五十名的大学中,只有 13 所公立大学,但它们的财富已经足够让欧洲大学羡慕。现在最富裕的欧洲大学是剑桥大学,经费为 81 亿美元,但比不上比它年轻 700 岁的密歇根大学,后者经费达到 97 亿美元。欧洲大陆最富裕的大学是苏黎世大学,经费为 11 亿美元。相比较之下,美国公立大学排名前五十名中的最后一位,佐治亚理工大学也有 19 亿美元。

---

① Institute of Higher Education 2014.

② 同上。

所以,公立大学只是在与哈佛比较时才显得穷酸;与世界其他地方的大学相比,它们十分阔气。一些州立大学系统则更加有钱。得克萨斯州立大学系统有 254 亿美元,得克萨斯农工学院系统有 111 亿美元,加州大学系统有 73 亿美元。仅 2013 年,加州大学系统就从私人捐赠者手中筹募到 16 亿美元。[1]

最近三十年,公立大学越来越需要源自慈善捐赠的资金,以弥补在总开支比例中逐渐下降的政府拨款。因为它们的相对自主性,所以它们有筹集经费的其他渠道。多余的研究经费能部分作为教职工工资,并成为为博士研究生提供支持的补贴。但筹款的关键策略仍然是 19 世纪学院商业运营模式中的老方法——学生学费。有权决定向学生收费多少,是大学自主的关键元素。在下一章我们会更清楚地了解,当 20 世纪后半叶政府拨款不断下降时,公立大学的学费随之不断上涨。它们通过两种渠道实现:提高州内学生的收费标准,还有增加州外的学生数量,因为他们的收费标准一般要高两倍甚至三倍。在美国高等教育的复杂政治斗争中,这成为大学和州议会之间长期矛盾的根源。大学希望提高学费标准,招收更多来自州外的学生;而州议会想要降低收费,增加本州居民的入学机会。如果大学有实质性的自主权,它可以将学费和本州入学率,作为与州议会谈判的手段:给我们更多经费,我们才可以维持学费不涨,录取更多本地居民。不然,我们别无选择,只能执行 B 计划。相比之下,自主权较小的公立大

---

[1] Warrell and Authers 2014; ETH Zurich 2014; Chronicle of Higher Education 2014b; Boston College 2014.

学只能陷入困境：经费被削减，学费标准和州外学生的数量也被限制。

除自主和财富之外，公立大学还从私立大学的技能百宝箱中学到了另一样手段：传统。我们已经提到，美国高等教育系统的扩张，都是通过创建新的低层级机构的方式，不断吸纳新的学生，而不是扩大已有机构的规模。每当如此，老机构会强调不同机构类型之间的差异，以此突出自己与新入局者的不同。所以，19世纪中叶时，州立大学的旗舰校区会强调它们与赠地学院的不同；20世纪初，后者又会强调它们与师范学院的不同；20世纪中期由师范学院升格成的州立大学，又会把自己与社区学院区分开来。核心主旨始终不变——历史越悠久，就越好。老机构的学术等级高，录取标准高，也更有声望。如同常春藤学校高于后来的私立大学一样，公立大学系统中的高层级，也优越于低层级。在不同的州，你都可以看到此种模式的存在。比如历史上，密歇根大学一直阻挠州内其他公立高等教育机构获得"大学"的名号。但在20世纪50年代州议会最终决定将作为赠地学院的密歇根州立学院升级为密歇根州立大学之时，密歇根大学立刻开始游说，希望将所有的师范学院都升格为大学，以此掀起行市的普遍上涨。虽然很艰难，但它成功了。其信号很明显：密歇根大学只此一家，其余的都是冒牌。①

私立大学对公立大学施加影响还有另外一种途径：它们为公立大学培养了大量教师。爱德华·希尔斯（Edward Shils）依据一

_____

① Dunham 1969,25.

项完成于 1966 年的研究做出如下判断:公立大学的成功,其实是
私立大学成就的一部分。阿兰·卡地亚(Alan Cartter)博士的研
究注意到,每个学科中有实力排进前五名的系科,其教师绝大多
数毕业于私立大学。在历史学、古典学、英语、法语、德语、语言
学、音乐、哲学、俄语和西班牙等不同系科的 372 名教师中,有
82%的人从私立大学获得最高学位。①

我还没有获得关于美国教授的学位来源构成的最新系统数
据。所以,我从加州公立高等教育系统的两个层级中选取四所机
构作为个案,分析历史和心理学两个系中已获得终身教职的教
师。伯克利分校和洛杉矶分校是加州大学系统中的顶尖机构,也
是世界上最伟大的研究型大学;圣何塞州立大学,加州州立大学
洛杉矶分校,是教学导向的加州州立大学系统中的两所机构,它
们的研究水平不高,也没有博士授予权。表 1 是对四所学校网站
中 2015 年教师信息的分析结果。

表 1　按学系划分获得终身教职的博士和教授的构成来源

	私立大学		公立大学		外国大学		内部聘任	
	%	n	%	n	%	n	%	n
加州大学伯克利分校:								
历史系	66	35	25	13	9	5	15	8
心理学系	59	22	27	10	14	5	3	1
加州大学洛杉矶分校:								
历史系	58	42	27	20	15	11	12	9
心理学系	37	32	57	50	6	5	17	15

---

① Shils (1973),8, drawing on Cartter (1966).

（续表）

	私立大学		公立大学		外国大学		内部聘任	
	%	n	%	n	%	n	%	n
圣何塞州立大学:								
历史系	46	5	54	6	0	0	0	0
心理学系	4	4	92	22	4	1	0	0
加州州立大学洛杉矶分校:								
历史系	24	5	76	16	0	0	0	0
心理学系	39	7	61	11	0	0	0	0

注:我很感谢伊森·里斯(Ethan Ris)为这个表格提供了令人信服的数据。

数据来源:各大学学系网站,数据选取截至 2015 年 6 月,内部聘任(internal hires)一栏代表的是在本校获得学位的教职员工。

如果我们只关注在美国获得博士学位的教师,会从中发现一个不寻常的现象。在两所研究型大学的四个学系中,58％的教师从私立大学获得学位,尽管其中还有三个学系有聘用自家毕业生的偏好。在两所综合性大学中,25％的教师从私立大学获得学位。这个结果并不令人意外,我们在前边已经讨论过,最顶尖的学系为所有的学系培养了最多的教师。还记得前面提到的关于社会学系的研究,排名前五的学系培养了三分之一的教师,排名前二十的系培养了三分之二的教师。[①] 此外,我们已经展示,在排名靠前的机构中,多数是私立大学。在历史学领域,排名前五的学系中,四家属于私立大学;在心理学领域,前五中有两家是私立大学。[②] 即便如此,私立大学毕业生对公立大学的"殖民"程度还

———————————

[①] Burris 2004.

[②] U. S. News and World Report 2015a.

是令人惊讶。相当数量的教师拥有私立大学学位，还有四分之一毕业于综合性大学。在我看来，更有意思的情况是私立大学对公立系统中较低层级的四年制本科学院的影响，这些本科学院大多数属于开放入学机构。2014 年，加州州立大学系统录取了 21 万申请者中的 72%。[①] 即使在这一层次，私立大学也产生了显著影响。

从以上分析中可以看出，美国高等教育中的公立与私立机构之间存在复杂的矛盾关系。私立大学相较于公立大学，享有巨大优势，特别表现为它的录取标准高、自主权大、财源充足和历史悠久。呼应上一章讨论的主题，私立大学在美国高等教育系统中代表社会特权（advantage），而公立大学代表开放入学（access）。私立大学淘汰了多数申请者，为极少数特权人士提供含金量十足的学位，这为它们带来巨大的社会优势。但我们也已经看到，事情并非这么简单。多数私立大学既非特别出色，录取标准也不高。只有那些顶尖的私立大学，才能聚集最优秀的学生和学者、最多的慈善捐赠和诺贝尔奖得主。

公立大学系统也有自己的等级制。对密歇根大学的毕业生而言，成功跻身社会上层或者维持上层地位的可能性很大；对密歇根州立大学的毕业生而言，此种可能性就会下降，但仍较为可观；对中央密歇根大学（Central Michigan University）的毕业生来说，此种可能性就较小了；而对兰辛社区学院（Lansing Community College）的毕业生来说，他们的前景一片黯淡。如果

---

① California State University 2015.

仔细审视公立大学的等级体系，会发现高层级的机构相较于低层级机构所拥有的优势，恰如同档次的私立大学相较于公立大学所拥有的优势。公立大学系统中，高层级的机构比低层级的机构的录取标准更高，自主权更大，更富裕，历史也更为悠久。

公立和私立之间的关系，并非简单的主人与仆从的关系，而更像是老师和学徒。私立大学在公立大学诞生之前，便已经奠定了美国高等教育的结构。公立机构作为后来者，必须学习先来者确定的游戏规则。他们要学习如何在缺失稳定公共财源的情况下生存，如何保护其自主权，如何在饱和的市场中有效竞争，如何捕捉稍纵即逝的机遇，如何满足拥有至高无上权力的消费者。对于公立大学系统中的顶尖机构而言，这一点更加明显。因此，它们都成为世界高等教育市场中的优秀成功者。上海排名体现了这两部分的共同成功。2014 年世界排名前 40 位的大学中，美国私立大学占据 16 席，这便是再好不过的证明。不过，美国公立大学也占据了前 40 中的 12 席，这也是耀眼的成绩。要知道全世界其他国家的大学，总共也只有 12 所进入前 40 位。[①] 私立大学主导了美国高等教育系统，但它将成功的秘密分享给它的公立伙伴，这也保证了美国公立大学在世界高等教育中取得令人艳羡的成功地位。

---

① Institute of Higher Education 2014.

第七章
冷战时代美国大学作为公共产品的昙花一现

随着招生规模和研究经费的快速增长,美国高等教育在冷战期间迅速收获了声望与财源。二战前,美国联邦政府对大学的兴趣和资助十分有限。二战促使美国联邦政府将大量国防科研项目投向大学,扩大这类投入的原因,既考虑到效率也是出于现实需要:大学已经拥有了研究人员以及基础设施,而政府需要做的仅仅是迅速予以配合。1947 年冷战开始,随着冷战的持续发展,联邦政府对高等教育的投入呈现指数增长。与"热战"不同,冷战引发了社会主义体系与资本主义民主体系之间长时间的国际竞争,这促使战争时期的大学资助模式得以制度化,因为在当时,知识的军事价值是毋庸置疑的。资助制度化包括联邦政府对研究的资助,以及同时建立起的对知识进行持续投资的制度。同时,来自社会主义的挑战,也为将大量学生送入大学提供了有力的理由。这些被扩招进入大学的大学生,将被培养成冷战经济所需要的技术工人和有素养的公民,以此对抗苏联的威胁。这也是在向世界展示,自由民主体系能够提供广泛的社会机会。如此庞大的高等教育公共投入所产生的结果，便是造就广为人知的"美国大学的黄金时代"。

当然，与大部分黄金时代相同，美国高等教育的黄金时代并没有延续下去。在该黄金期持续了约 30 年之后，形势开始变糟。变糟的原因有两个，一是美国对苏联所构成的国家安全威胁评估有所下降，二是纳税人对高额公共财政支出的抗议。1989 年柏林墙倒塌时，这两个趋势达到了最高点。失去了资金和敌人，冷战大学（Cold War University）的衰落速度，与崛起速度一样快。

在本章中，我将尝试分析理解这个短命的制度体系。当前学术研究中存在怀旧情绪：教授和行政人员们怀念 20 世纪中叶大学逝去的美好时光，并幻想着能够重新回到过去。而我则尽力避免这种情结。除非出现另一个同重量级的国家危机，否则这一切将无法重来。冷战大学，并不是大学的常态；相反，我建议将其看成一种例外。美国高等教育如今经历的多方面变化都是回归常态的过程。

我的中心论点是：长期以来，美国人将高等教育视为私人产品（private good）。1940 年至 1970 年，是美国历史上唯一一段把大学视为公共产品（public good）的时期。现在我们也重新回到了我们一直以来的常态，即大学的主要功能是为个人消费者提供获得社会向上流动和维系社会优势的机会。既然学生是主要受益者，他们理所应当为该收益买单，那么政府补贴的合法性也会变得更加难以证明。

一、美国高等教育被视为私人产品的悠久历史

在本书第二章和第三章我已经分析过，美国高等教育系统的起源植根于市场，而非政治。没有政府或者教会提供的充裕资助，也没有它们的管理控制，大学必须走出自己的路。美国高等教育系统的最初类型是 19 世纪的文理学院，仅有政府颁发的特许状和教派归属，必须在挤满竞争者的市场中自谋出路。它主要服务私利。对宗教教派而言，它是在新开拓的边疆社会中，维系相对于竞争教派的优势地位的前哨站。对边疆地区的城镇而言，它是昭示文化地位的图景，以此吸引定居者，抬高地价。即使各州着手建立它们资助和管理的州立学院时，其目的也是向外界证明它们绝非边疆地带的荒凉前哨定居点，因为"我们有真正的大学"。

促进高等教育发展的另一种私人利益动力，来自学生消费者。19 世纪 80 年代后，美国高等教育系统的主要利益属于就读其中的学生。对他们而言，上大学成为获得收入稳定的管理和专业职位的主要途径。对中产阶级家庭来说，高等教育是将其家庭社会优势传递给子女的主要机制；对其他群体而言，它是实现跃升至中产阶层的抱负的主要实现方式。州政府之所以会增加公立高等教育的资金投入，其首要考量并不是公共福祉的提升，而是选民对于这个吸引力十足的私人产品的需求与日俱增。

当然，尽管美国高等教育的发展主要由私人收益驱动，但它也产生了公共利益，诸如提升经济生产力，改善生活水准等。在此意义上，美国高等教育也扮演着公共产品的角色，它的福祉惠

及整个社会,并非仅局限于大学毕业生。但我想论证的是,消费者
追求私人利益的需求,才是美国高等教育系统扩张的主要动力。

学生希望能够通过进入大学,实现向社会上层流动,或是维
系社会优势。这刺激大学的招生规模在 19 世纪 80 年代开始迅
速增长。[1]

美国大学入学人数(1879—1939)

年份	大学入学人数
1879	116 000
1889	157 000
1899	238 000
1909	355 000
1919	598 000
1929	1 104 000
1939	1 494 000

其增长速度达到了每十年增长 50% 以上,虽然低于 20 世纪
中期的增长速度,但是仍然十分可观。在 60 年时间中,年龄在 18
岁至 24 岁的人群中,高等教育入学率从 1.6% 上升到 9.1%。公
立大学招生规模扩张的速度要高于私立大学,但优势并不明显。
增长发生在高等教育系统的各个层面,包括顶尖的公立研究型大
学。但是最大的入学增长属于高等教育系统中最底层的新兴学
校:师范学院、城市走读学院(主要是私立)、一系列主要提供两年
职业教育课程的公立及私立初级学院。

---

[1] Carter et al. 2006, table Bc523.

本小节的核心观点是：从 19 世纪至二战前，美国高等教育系统是市场驱动造就的结构，它把高等教育作为一种私人产品。政府贫弱，无力为高等教育提供强有力支持，况且也没有明显的国家需求驱使它如此行事。二战前，多数学生就读于私立机构，高等教育系统中多数机构也是私立性质，即便今天也依然如此。[①]

二、冷战大学的崛起

第二次世界大战爆发了。这里没有必要再赘述这场战争所留下的破坏性和噩梦般的结果。但值得一提的奇特事实在于，美国人深深铭记着这一冲突，并且常常将其称为一场"正义之战"（Good War）[②]。在这场战争中，美国耗费了大量资金，也失去了很多生命，但是它依然给美国带来了很多好处。当然，由于美国作为胜利的一方且所有的战斗都发生在国土之外，这场战争并未对其自身造成侵害。此外，伴随战争而来的部分积极之处在于，它把美国推向了一个新的角色——居于世界主导地位的强权国家。一项共同事业将这个国家团结起来，这段经历成为美国国民记忆中积极情感的源头。

对于美利坚合众国的公民来说，私人自由远比对公共忠诚更为重要。由于政府往往被认为会对个人权利构成威胁，且会导致私人财富的流失，美国政府于 20 世纪 40 年代就开始着手塑造向

---

① Carter et al. 2006, tables Bc510 to Bc520.

② Terkel, 1997.

罪恶开战的美好外衣。政府的公众形象成为一个拥有坚毅面庞，身着红、白、蓝三色外衣的白发男人，他在海报中以用食指指向观众，并附上一条标语："山姆大叔需要你"。

战争迅速地催生了一个庞大的美国联邦政府。在20世纪30年代，历史上一直职权较小的美国联邦政府开始大幅扩张，这是罗斯福新政试图将国家从十年经济大萧条中解救出来的结果。但是这次战争让联邦财政支出增长至战前的七倍，从人均1000美元增长至人均7000美元。战争过后，联邦财政支出曾回落到人均2000美元；但进入冷战后，联邦政府支出再次迅速且大量地增长，在20世纪50年代达到人均3000美元，60年代人均4000美元，并在80年代，苏联解体前的最后一段时间达到历史最高水平，人均7000美元。[①]

如果说二战对美国整体而言产生了一些美好的结果，那么其对于高等教育而言，则是开启了一段"最好的时代"——一个短暂却热火朝天的，公共财政投入迅速增长的时期。当然，战争最初带来了大量问题，因为它把大部分未来的大学生送入了军队。但大学迅速进行了调整，将其目标转向军事训练和其他与战争相关的活动。然而，当联邦政府决定把高等教育纳入战争规划中更加核心的位置之时，高等教育才开始真正收获长期利益。首先，高等教育被视为军事研究和发展的中心；其次，高等教育被作为战争结束后安置退伍军人的场所。我将围绕这两点简要展开讨论。

20世纪上半叶，大学研究人员不得不四处寻找资金支持，被

---

① Garrett and Rhine, 2006, Figure.3.

迫依赖各类基金会、企业和私人捐款。那时的联邦政府并未意识到投资研究所能带来的回报。一个特别引人注目的例子发生在第一次世界大战伊始。由化学家组成的化学学会曾向政府的战争部门主动提供帮助,但却被"我们已经有一名化学家"拒绝。[①] 当时的模式是政府维持自己小规模的研究团队,而不是依靠大学。

第二次世界大战的规模彻底改变了这一切。最初,麻省理工学院(MIT)工程学院的前院长万尼瓦尔·布什(Vannevar Bush)时任科学研究与发展办公室主任一职,负责动员大学中的科学家为战争作贡献。他建立起的这套管理政府和研究者关系的模式,成为沿用至今的大学研究管理的蓝图:即把研究外包给大学,而不是设立政府自己的研究中心。政府发布用于某一特定研究需求的计划;将研究经费给予最能满足这一需求的研究人员;支付大学至少50%的间接费用(overhead),以便研究人员使用大学的相应设施。

这一方式有效利用了研究型大学现有的专家和设施,使政府从不得不维持一个昂贵的永久性研究活动中解放出来,同时获得了更大的灵活性,为相应研究项目选定最适合的研究人员。于大学而言,这个方法提供了大量的经费,提升了大学的研究声誉,资助大学招收更多教师,并支持大学购买相应的设备。这是一个双赢的结果。它建立起一种企业合作模式,使大学研究人员为寻找

---

① 在战争的压力下,该部门最终妥协了,并寻求化学家的帮助来研究毒气战。但最初的反应很能说明问题(Levine, 1986)。

研究经费不懈努力。这是历史上第一次，美国的高等教育被看作是一种公共产品，其研究能力能够通过帮助赢得战争，进而服务于国家利益。

如果大学能够通过提供军事研究在战争中满足国家需求，那么它们也能够在后战争时代，通过招收退伍军人来满足另一种国家需求。国会于 1944 年通过的《退伍军人权利法案》就是旨在偿还债务和解决有关的人力安置问题。它的官方正式名称《1944 年军人再调整法》(*The Servicemen's Readjustment Act of 1944*)，反映了这两个目标。在二战结束时，共有一千五百万人曾服役军中，他们服务国家多年，理应获得回报。这一方案由联邦政府承担所有花费，并且他们可以选择任何一所自己心仪的大学。此举赋予了他们继续追求教育的机会。

这一机会还实现了另一个公共利益，即缓解了经济领域无力吸收过多老兵的深切担忧。战争开始后，美国一直陷入经济萧条，战后极有可能发生的大规模失业问题一直令人担忧。而这一战略取得了成功。在《退伍军人权利法案》的指导下，大约两百万退役老兵最终都进入了各所大学学习。1948 年，退伍军人的入学数量达到了历史顶峰，相较于十年前，这年美国大学和学院的在校生数量增长了一百万人。[①] 这又是一个双赢的局面。政府获得了国家利益，防止了有可能发生的大规模失业问题，并且为未来的经济发展储备了充足的人力资本。高等教育得到了一大批可以自己负担学费的学生。当然，令人担心的仍是，当战时研究合

① Geiger 2004b, 40 - 41; Carter et al. 2006, table Bc523.

同结束与退伍军人毕业之时,高等教育又将面临怎样的处境。

冷战拯救了这一切,并且时机恰到好处。新冲突的第一个主要行动柏林封锁发生在 1948 年,同年,美国高校退伍军人入学数量达到顶峰。如果说二战给美国高等教育带来了些许好处,那么冷战就是一笔巨大的利润。"热战"意味着繁荣和萧条——资金和学生在短期激增后急速下降。而冷战是可持续的,因为实际战斗有限且通常经由代理人进行。对于大学而言,这无疑是一个礼物,因为大学在接下来 30 年时间中对公共福祉有持续贡献。军事威胁的隐患巨大,完全不亚于核毁灭。何况,美国面临的是意识形态的挑战,是两种社会制度和政治制度之间、心灵和思想层面的对抗。因此,政府需要顶尖大学提供大量的科学研究,为其提供军事方面的支持;政府同样需要各类高等教育机构,教育一大批公民以应对意识形态的威胁。冷战期间,美国政府将高等教育系统看作是一个非常有价值的公共产品,它为国家利益作出巨大贡献且该系统非常愿意成为联邦政府慷慨解囊的对象。①

在研究领域,冷战对美国大学影响巨大。衡量这一点最适合的方式,是分析多年来联邦政府资助研究和发展的模式,这需要追溯过去 60 年来国家安全威胁的消退和流动。1953 年,财政投入规模为 130 亿美元(以 2014 年的同等价格计)。人造卫星危机(在苏联成功地将第一个卫星送入地球轨道之后)发生后,财政投入于 1959 年跃升至 400 亿美元,并迅速上涨到顶点,即 1967 年的 880 亿美元。之后这一规模下降到 1975 年的 660 亿美元,又于苏

----

① Loss, 2011

联解体前夕的 1990 年达到新的最高点 1 040 亿美元,之后重新下降。2002 年双子大厦遭袭击之后,资助再次升高,于 2010 年达到历史最高点的 1 510 亿美元,并且自此之后持续下降。①

最初,用于国防的研究经费占联邦总研究经费的 85%。随着非国防类研究经费的增多,国防研究经费占比逐步下降到 1967 年的一半之多,但是直到现在仍然保留着大部分占比。然而,1957 年后的大部分时期,非国防类研究经费的最主要部分被用于有关空间技术的研究,这直接来源于苏联引发的人造卫星危机。1990 年以前,国防和空间技术研究经费相加之和占到联邦政府总研究经费支出的四分之三。国防研究与国际环境的威胁紧密相关,其在 1989 年之后下降了 20%,然后在 2001 年之后卷土重来。总体而言,在冷战期间,联邦政府研究总经费由 1953 年的 130 亿美元增长到 1990 年的 1 040 亿美元,涨幅达到 700%。这是属于大学研究者的黄金时代。②。

研究经费投入急速增长的同时,大学招生数量也在迅速扩张。美国高等教育在校生数量由 1949 年的 240 万人,增长到 1959 年的 360 万人;20 世纪 60 年代后,招生规模翻番并于 1969 年达到 800 万人。招生数量于 1979 年达到 1 160 万,然后增速放缓。在 1989 年达到 1 350 万人之后,于 20 世纪 90 年代稳定在

---

① 并非所有资金都进入了高等教育系统,一些人去了独立的研究机构,如兰德公司(the Rand Corporation)和美国研究所(American Institute of Research)。但这些机构以多种形式充当着高等教育的附属机构,研究人员可以在它们与大学之间自由流动(American Association for the Advancement of Science, 2015)。

② American Association for the Advancement of Science 2015.

1 400万的规模。① 在1949年到1979年间的30年里,大学招生规模的增长超过900万,增幅达到400%。并且后二十年招生规模的增长,主要集中于非全日制学生和两年制学院的学生。在四年制高等教育机构中,最主要的增长并没有出现在私立或者旗舰公立大学,而是在区域性州立大学中,也就是曾经的师范学院。冷战不仅仅给研究型大学带来好处,它同样有益于高等教育系统中的下层机构。

在一定程度上,我们可以把大学的迅速扩招,理解为消费者长期以来将高等教育视为私人产品所引发的需求激增的一种延伸。试着回想一下,招生规模的扩张始于19世纪末期,当时上大学开始为中产阶层获得就业机会提供优势。这意味着当上高中成为工薪家庭获取社会机会的时候,上大学成为中产家庭传递其社会优势的一种方式。但是当1940年高中入学率实现普及化时,对于工薪家庭而言,高等教育成为他们获取社会机会的新领域。消费者需求增长背后反映的市场规律,至少部分解释了二战后大学招生规模的激增。

与此同时,冷战也为扩大大学入学机会提供了强有力的公共理由。1946年,哈里·杜鲁门(Harry Truman)总统任命了一个委员会,拟定扩大高等教育入学机会的计划。这是美国历史上总统首次寻求有关各级教育的建议。它形成了一份名为《美国民主社会中的高等教育》(*Higher Education for American Democracy*)的六卷报告。这份报告签署于冷战开始的1947年,

---

① Carter et al. 2006, Table Bc523; NCES 2014, Table 303.10.

这绝非巧合。作者围绕核战争的新威胁撰写了这份报告。他们认为:"当今,教育对于及时地应对世界范围内的人类危机至关重要。"①他们所提出的应对危机的方式,便是充分扩大高等教育的入学机会:

　　　美国人应该把这样一个教育制度作为终极目标。在这个制度中,没有任何一个层级——无论是高中、大学、研究生院或是职业学校——都不会让全国任何地方的合格的个人,在追求适合他的才能和兴趣的教育的过程中,遇到无法克服的经济障碍。这意味着我们需要试图让所有年轻人对高等教育拥有平等的可获得性,就如我们如今在小学和高中里所做的那样,尽可能地在他们的能力范围内对他们的培训,增加更多的社会投资。②

有趣的是,这份报告利用了大量篇幅,探讨由社会阶层和种族造成的教育机会障碍。正是这些问题让自由民主在共产主义倡导的平等主义面前相形见绌。

三、高等教育系统公共使命的衰落

所以在 20 世纪中期,美国经历了一段对作为公共产品的高

---

① President's Commission, 1947, 1:6.

② 同上, 1:36.

等教育的强烈而短暂的迷恋。大学曾旨在将美国从共产主义的威胁和迫在眉睫的核战争中拯救出来。与二战类似,冷战让一群众所周知的个人主义者,围绕共同的目标团结在一起,即为了国家安全和自由民主的延续而联合起来。冷战期间,每个公共建筑都有一个专门的防空洞。我至今仍记得我在上小学时(20世纪50年代)学校定期举行的空袭演习。当防空警报响起的时候,老师会带领我们去地下室,期望地下室的混凝土墙壁保护我们免受核武器的轰炸。尽管演习没有真正实现保护生命的目标,但确实起到了重要的社会作用。如同每周日的礼拜仪式一样,这些仪式将每个人聚集到相应的教会,在那里我们宣誓效忠于更高的权力。

对美国大学的教授而言,冷战时期无疑是一段光辉岁月,对于毁灭的恐惧,赋予了我们美好的公共使命,以及看上去无穷无尽的公共资金和受资助的学生。但事实上,这样的现实不可能也并没有持续下去。战争可以给国家内部带来很大的好处,但是战争总会结束。冷战比大部分战争持续了更长时间,但是它的"长寿"是以牺牲强度为代价的。到了20世纪70年代,核威胁已经笼罩在美国上空长达30年之久,但没有任何迹象显示最坏的情况会发生。在注意力开始分散以及忧心程度开始下降之前,30年已经是保持警戒的最长时限了。另外,发动战争是极其昂贵的,会同时消耗公共资金以及公众的同情。冷战中美军被卷入的两次冲突均耗资巨大,激起了强烈的反对声音,且结局惨烈,既没有展现出"善"战的美好,也没有实现让敌方无条件投降这样令人满意的结果。朝鲜半岛以僵局结束,并回到战前状态;越南战争以失败告终,还出现了 1975 年在西贡天台上美国大撤侨和南越难民绝境逃亡的惨烈画面。在那之后,胜利者即刻将该城市改名为胡志明市。

苏联的威胁和核威胁仍然存在,但是在经过越南战争的惨烈经历之后,这些似乎都变得遥远且虚幻了。同时还存在着另一个问题,作为打败敌人的工具,20 世纪 70 年代之前高等教育的急速扩张似乎成效并不显著。高等教育是一个人员密集型事业(labor-intensive),规模扩大并不能带来相应的规模经济,且很难在战争中辨别公共利益。当国家的危险变得越来越小时,高等教育的成本变得愈加突出,并且会成为一个问题。环顾所有大学,公共事业的主要受益者似乎都是私人,即在那里工作的教职工和因获得学位而收入更高的学生。那么在进入冷战 30 周年时,就顺理成章地出现了这一问题:为什么公众要为一批人提供轻松的工作,并资助另一批人去实现他们的个人理想?如果大学毕业生是大学教育的主要受益人,那么他们难道不应该支付相应的成本,为何要继续让纳税人承担呢?

20 世纪 70 年代,美国反对纳税运动开始,在蓬勃发展的国防工业和高移民的推动下,加州在 1945 年后的几十年里一直处于高速发展当中。在这一时期,加州建立了美国国内最全面的高等教育体系。1960 年,加州通过了一项《总体规划》(*The Master Plan*),该规划旨在为每一位加利福尼亚居民提供上大学的机会,也就是进入其三类州立大学中的一类。加州大学专注于研究和提供研究生项目,并且主要招收顶尖的高中毕业生;加州州立大学(主要由原来的师范学院演化而来)专注于为第二梯队的高中毕业生提供本科教育；社区学院系统则为其他学生提供两年的职业培训，这些学生仍然有机会转学到其他两类大学系统中去。截至 1975 年，加州大学共有 9 所分校，加州州立大学共有分校 23 所，社区学院的数量达到 96 所，它们一共招收 150 万学生，占同年美国全国大学入学人数的 14%。[①] 这个系统不仅规模庞大，且《总体规划》明确指出，向来自加州的学生收取学费是非法的。美国国内最好的公立高等教育系统竟是免费的。

这就是问题所在。这个系统之所以发展得如此迅速，主要是得益于加州的财政制度，该制度在美国也是相当罕见。它以高税收率为基础，由政府提供大量公共服务。在享受了几年该制度的好处之后，纳税人突然惊醒并意识到，这种支付高等教育的方式不符合美国价值观。对于一个以自由民主为立国之基的国家来说，免费向消费者提供高等教育看上去太社会主义了。所以这必须被改变。在 20 世纪 70 年代中期，美国第一场反对纳税运动出现在加州，并在 1978 年的一次成功运动中达到高潮，随后便通过了一项州内的倡议以限制财产税的增加，而后又通过了限制其他类税收的议案。[②] 因此，加州大学生均拨款由 3 400 美元（以 1960 年美元计算）下降到 2010 年的 1 100 美元，降幅达到 68%。[③] 这很快导致了加州的各类大学和学院学费的上涨。最后结果是税费拨款被认定为是非法的，但是向学生收费却不是。经过通货膨胀

---

① Carter et al. (2006), tableBc523; Douglass (2000), table 1; community college data for 1972 from Brossman (1973).

② Martin, 2008.

③ UC Data Analysis, (2014), "State Funding for UC per Undergraduate Student."

调整后,加州大学向州内学生的收费额从 1987 年的 317 美元上升到 2010 年的 1 122 美元,涨幅高达 250%。[①]

　　这种对税收的限制和学费增长模式在美国各地蔓延。同一时期,州政府对全国范围内四年制大学或学院的生均拨款额从 8 500 美元跌到 5 900 美元(以 2012 年美元计),跌幅高达 31%。同时本科生平均学费翻了一番,从 2 600 美元涨至 5 200 美元。[②] 另一种分析政府拨款浮动的方式,是看它在各种高等教育收入来源中所占的比例变化。地方和州政府拨款在高等教育收入来源的比例于 1977 年达到最高,占比 57%;2012 年滑落至 39%。联邦政府拨款的比例,从 1952 年的几乎为零,上涨至 1967 年的 20%,此时已达到顶点;2012 年滑落至 12%。与此同时,向相反方向移动的是个人家庭缴费收入比例,1952 年占比超过 50%,1977 年跌落至 33%,2012 年又上涨至 49%。[③]

　　高等教育成本支付中州政府所占份额的下降,在收入来源较广泛的顶尖公立研究型大学中最为显著。到 2009 年,这类大学年收入中仅有 25% 来源于州政府。[④] 弗吉尼亚大学是一个极端例子。在 2013 年,州政府所提供的拨款在其年预算中的占比低于 6%。[⑤]

　　在州政府发生这些变化的同时,联邦政府也同样改变冷战期

---

① 同上，"Average UC Undergraduate Resident 'Fees.'"

② State Higher education Executive Officer 2013, figure. 3.

③ Pell Institute and Pennahead, 2015.

④ National Science Board, 2012, Figure. 5.

⑤ University of Virginia, 2014.

间对大学生的慷慨资助。类似《国防教育法案》(*The National Defense Act*)(1958)和《高等教育法案》(*Higher Education Act*)(1965)等法案,以为学生提供大致相等的资金拨款和贷款的方式,为学生提供资助。但是1980年里根当选总统,却意味着推动降低税收将成为国家政策。在这一点上,对学生的支持从资金支付变成为学生提供贷款。这背后的理念是,获得大学学位是学生的一项巨大投资,这将会带来长期的经济利益,所以他们应该承担更多的成本。所以,联邦政府的《佩尔法案》(*Pell Grant*)资助在大学开支中的比例从1975年顶峰的54%,下降至2014年的27%。[1] 与此同时,1975年、1985年和1995年,以贷款形式给予学生的资助不断上涨,分别占总资助的54%、67%和78%,自此之后则一直保持在这一水平。[2] 1995年,美国大学生上大学的贷款总计410亿美元,在2005年上升到890亿美元。[3] 2016年,累计大约有60%的大学生承担着债务,大部分是联邦贷款,且总贷款额已经超过1万亿美元。

联邦政府在缩减学生资助的同时,也在减少对大学研究的资金支持。正如前文所提到的,在1990年,也就是柏林墙倒塌一年后,美国联邦研究经费达到了1 000亿美元。其中,国防研究经费占所有大学研究经费的三分之二。如果把空间技术研究经费也算上,则会占到四分之三。国防研究经费在20世纪90年代下降了约20%,且在2002年——双子大厦倒塌的第二年,即"反恐战

---

[1] Pell Institute and Pennahead, 2015, 20.

[2] McPherson and Schapiro, 1998, Table 3.3; College Board 2013, table 1.

[3] College Board, 2014, Table 1.

争"的开始——之前并没有增长。国防研究经费在 2009 年达到新的高峰,比冷战期间的最高值还要高出三分之一,但在此后逐步下降。非国防类研究经费的增长,反过来弥补了一部分国防研究经费的降低。[①]

四、回归常态

美国高等教育是作为一种私人产品而产生的,它出现于 19世纪,服务于宗教教派和土地投机商的利益。在之后的 20 世纪逐渐演变成一种为个人消费者提供实现社会阶层向上流动或维系社会优势的方式。后来,二战赋予高等教育庞大的国家使命,并将其重组为一种公共产品。但是"热战"并不能持久,所以在 1945 年高等教育制度迅速回到不大关注公共利益的境况,直到冷战的到来。正如前文所述,冷战对于美国高等教育体系十分有利。它使联邦政府和州政府大幅增加对高等教育的投入,包括对大学研究的投入以及对学生的补贴,并且最重要的是,该投入持续了 30 年之久。但是该黄金时代最终在纳税人的疲惫和苏联解体的浪潮中逝去。随着国家资金的紧张和敌人的解体,将美国高校列入国家事业的迫切需求消失了。结果就是,近十年来研究经费和学生入学规模持续下降,尽管在 2002 年阿富汗和伊拉克战争中出现了短暂的波动,但是这些引起波动的措施仅仅在 8 年之后才达到最高点,并在那之后再次下降。高等教育再次回到其作

① American Association for the Advancement of Science, 2015.

为私人产品的传统中去。

所以，我们从冷战期间美国大学的起伏中收获了什么呢？一个结论是美国大学 20 世纪中叶的黄金时代，仅仅是昙花一现。战争虽然有可能再次出现，但是冷战是独一无二的。所以美国大学的管理者和教授们不要再幻想回到曾经的美好时光，而是要学习如何在后冷战时代生存。

但好消息是，高等教育公共投资激增的影响，把美国高等教育系统带入到比二战之前更好的境地。入学规模从 150 万人增加到 2 100 万人；联邦研究经费从零增长到 1 350 亿美元；联邦政府对学生的拨款和贷款从零增加到 1 700 亿美元。[①] 并且美国大学和学院从曾经的世界大学的追随者，发展成为如今高等教育全球经济中的领跑者。即使所有的数字都在下降，但他们的起点是非常高的，这是冷战留下的遗产。

当然，坏消息是这些数字真的在下降。政府对研究经费的支持在降低，且在可见的未来里，并没有任何回转的前景。这之所以成为一个问题，原因在于美国联邦政府是基础研究的主要资助者；企业们只是对那些能够迅速产生回报的研究感兴趣。在冷战期间，研究型大学纷纷发展出了一项商业计划，即十分依赖外部研究经费来支持教师、研究生和管理支出。现在这个模式被打破了。因为州政府在高等教育中的支出越来越低，学生们越来越多地承担着接受大学教育的成本。学费的增长直接导致了学生贷

---

① NCES 2014, table 303.10; American Association for the Advancement of Science, 2015; College Board, 2014, table 1.

款的升高。公立研究型大学的处境尤其困难,因为他们所接受的来自州政府的资金支持下滑最为严重。据估计,按照目前下降的速度,州政府财政对公立高等教育的平均财政支出将于 2059 年达到零。[①]

我们分析一下,与其他发达国家相比,这段历史留给美国高等教育系统怎样的遗产。依据经济合作与发展组织(Organization for Economic Co-operation and Development, OECD)的数据,美国在高等教育方面投入巨大,约占国民生产总值(GDP)的 2.6%,而经济合作与发展组织成员国平均值为 1.6%,也即韩国的数值。[②] 美国高等教育资助,38% 来自公立渠道,而 62% 来自私立渠道。而经济合作与发展组织成员国的比例恰好相反,70% 来自公立,30% 来自私立。此外,美国高等教育成本中,个人支付比例达到 45%[③] 即个人消费者承担最大份额。

> 在美国,个人接受高等教育的成本相当高。一个人上大学的花费平均超过 116 000 美元,其中 71 000 美元属于直接开支,45 000 美元属于在校期间的机会成本。只有三个国家的高等教育成本超过 100 000 美元,即日本(103 965 美元)、荷兰(104 231 美元)和英国(122 555 美元)。但在这三个国家中,最大的份额是机会成本。[④]

---

① Mortenson, 2012.

② Organization for Economic Co-operation and Development, 2012,7.

③ 同上, 8.

④ 同上,4.

　　但是在所有这些坏消息中，我们需要记住，美国高等教育系统有在缺乏财政资助的情况下存活，甚至取得蓬勃发展的悠久历史。本质上，这是一个基于市场而非依赖于政府的系统。在艰难的 19 世纪，美国高等教育系统在没有来自教会和国家稳定资金支持的情况下，建立并发展了自身的运行机制。它学会了如何吸引能够支付学费的学生，赋予他们所期望的大学经历，在他们与母校之间建立起紧密的联系，然后让他们毕业之后反过来为母校提供资助和捐款。橄榄球、兄弟会、标志性 T 恤衫和筹款活动都收获了很好的回报。美国高等教育学会了如何迅速适应激烈的竞争环境：是否引进校际橄榄球比赛，建立研究中心以利用研究机会，为学生修建美食广场和攀岩墙。公立院校很长时间都以私立院校的方式在运行，因为他们没有办法永远依赖政府持续提供的资金支持。

　　所以，美国高等教育被设计和培育为一种私人产品，其运作遵循着以市场为导向的机制。简单来说，它利用核战争的威胁将自己转变成为一种公共产品。但是那段时光已经渐行渐远，就如学生们挤在防空洞里进行空袭演习的日子一样，去而不返。

第八章

向上，向下：
美国高等系统中不同层级之间的关系

讨论美国高等教育系统的一个普遍问题是，人们总是聚焦于处在金字塔尖的那少数几所机构。我的这本书似乎也不例外。在我看来，跻身顶端的诱惑实在太大了。尤其是在 19 世纪，美国高等教育系统在这个学术水准极低的国家中诞生，它能够在 20世纪崛起成为世界领先者，这简直是一个奇迹。如此看来，人们将焦点聚集在那少数几所位居世界大学排行前列，并且在系统中居于优势地位的顶尖私立与公立研究型大学，自然是理所应当。白手起家的故事总是很有吸引力，所有人都偏爱胜利者。此外，位居顶端的机构对低层级的机构产生了巨大影响，要么刺激着它们向上攀爬，要么使它们效仿研究型大学的形式。

但随着我的分析接近尾声，我会将焦点转移至美国高等教育系统的底层。绝大多数的高等教育机构都居于此列，绝大多数学生也就读其中。这些机构决定了多数美国人的学院生活体验，它们也为美国经济市场提供了最多的毕业生。

理解低层级的大学，我们首先需要明白系统顶端的机构是多么稀少。在4 700所美国高等教育机构中，只有191所属于录取学生时有"选择性"（selective）的机构，意思是它所录取的学生，不足申请人数的一半。① 这仅仅只是4％的学校。剩下96％的美国大学，录取了大部分的申请者。向标准申请表转变的大学录取形式，实际上强化了美国顶尖大学的录取筛选性。在这种模式下，学生们会希望碰碰运气，也由此出现了一个学生同时申请几所高水平大学的情况。60％的学生会申请四所甚至更多的大学。同时申请多所大学，则会导致录取率进一步降低。②

　　如果我们只看主要的研究型大学，这个数字会更小。美国大学联合会（American Association of Universities）是这些机构中的"精英俱乐部"。它只有62家会员单位，仅占所有高等教育机构的百分之一稍多一点。这些大学在读本科生有110万，占总数的5％。尽管数字并不大，但这些机构的影响力非常大。美国大学联合会的会员大学有全美国19％的研究生，授予46％的学术型博士学位，占有58％的联邦研发经费，63％的美国科学与艺术学院院士，71％的美国诺贝尔奖获得者。此外，它们的毕业生也占据了权力的中心舞台，包括世界企业前百强中的58位首席执行官、21位在任州长、238位国会议员。还有1900年（美国大学开始独立运营）以来的12位美国总统和44位最高法院大法官。2008年至2012年间，这些大学共有120万篇学术发表，获得

---

① 录取难度指标由《巴伦周刊》（Barron's）制定（Center for public Education，2015）。我用其数据计算出了这个数字，数据中涵盖了三个最高的类别，录取率超过了50％（Leonhardt，2013）。

② Hess and Gift 2009.

1 280 万次学术引用。①

一、低层级的机构对于学生而言意味着什么

因此,这一小撮顶尖大学确实值得关注。在美国学术、经济、文化、社会和政治领域中,它们有与其机构数量不相称的巨大影响力。这是公认的事实。那么其他 99% 的大学和学院,它们拥有两千万在读学生,处在怎样的状态呢? 它们的学生和教授,又是如何在这个高度分层的体系中生存的呢?

我们先从学生开始。一位在精英大学中就读的学生,未来会有极大可能获得较好的职位。但其他人,仍然有很多希望。一项研究针对的是排名前 1% 的四年制学院(28 所)、商学院(12 所)和法学院(12 所)毕业生。这些机构的排名以考试成绩(SAT,MCAT, LSAT)为依据,它们是让中上层家庭的父母们痴狂的大学,刺激他们全身心地投入到录取的争夺战之中。结果发现,39% 的世界五百强的 CEO 毕业于这些大学,包括本科阶段或研究生阶段。13% 毕业于哈佛一家。② 多么耀眼的数字! 不过这也意味着,还有 61% 的美国大公司的领导者,毕业于不是那么显赫的大学。显然,没有名牌魅力的大学,也能提供通向美国社会顶端的机会。

当然,到目前为止我所呈现的数据,仅集中于美国社会中收

---

① American Association of Universities, 2014.
② Wai, 2013.

入前 1%的人群所接受的高等教育。大多数学生上大学，并不是
为了成为大公司高管或者最高法院法官。他们只是想寻求一份
不错的白领工作，比他们父母的社会地位高一点，能提供不错的
薪水、舒适的工作环境和一些社会保障。例如，我们考虑在硅谷
的科技公司寻找一份工作的可能性。一项研究通过对领英
(LinkedIn)中科技公司雇员的毕业院校的统计发现，伯克利和斯
坦福这两所旧金山湾区中的大学，是通向谷歌(Google)和脸书
(Facebook)岗位的最好跳板。它们的确是顶尖大学。但这项研
究也发现，苹果公司雇员中毕业于圣何塞州立大学(San José
State University)的人数最多。这是一所录取标准不高的地区性
州立大学，之前是一所师范学院。它录取 60%的申请者，相较之
下，斯坦福只有 5%，伯克利只有 17%。[1] 另一项分析则为毕业于
低层级大学的毕业生们描绘了更美好的前景。一家名为"找工
作"(Jobvite)的求职平台，分析了应聘推特(Twitter)和领英等科
技公司共 4 万个工作岗位的 700 万申请者。研究结果以一篇题
为《毕业生最容易在硅谷找到工作的 20 所大学》(*The 20
Universities That Are Most Likely to Land You a Job in Silicon
Valley*)的文章公布在《商业内幕》(*Business Insider*)杂志上。第
一名是圣何塞州立大学，旧金山州立大学(录取率为 66%)是第二
位，伯克利第三，斯坦福第四。[2] 所以你就能明白，为什么圣何塞
州立大学的网站上写着他们的座右铭：为硅谷赋能(Powering

---

[1] Oremus 2014.

[2] See California State University 2015; and Carson 2015, respectively.

Silicon Valley)。

此外还需要知道,加州的州立大学系统不仅录取大一新生,他们每年还会接纳许多社区学院的转校生。[①] 这意味着相当数量的社区学院毕业生,也能在大型科技公司中谋到职位。我们要记得,美国高等教育系统中两类较低层级的机构接纳了 77% 的本科生,其中 39% 就读于开放入学的大学(open-access universities),38% 就读于两年制学院。所以,不是只有就读于前百分之一大学的天之骄子,才能找到好工作,居于整个系统中的后四分之三的学生们仍有希望。

促成这一事实的,不是美国高等教育系统的平等主义。事实上,我们已经看到,它是高度分层的。这是因为美国高等教育系统的等级结构是自发形成的,它脱胎于学院之间争夺生源、资源和身份的竞争,而非政府命令的指定。20 世纪 60 年代,当加州高等教育总体规划落地之时,它只是把业已存在的三个等级结构明确制度化而已——研究型大学(加州大学系统,UC)居首,教学型大学居中(加州州立大学系统,CSU),社区学院系统(CCC)位于底层。与此同时,高等教育规划授权加州大学和州立大学两个系统接纳大量社区学院的转学生,以此强化了系统中本已存在的非正式向上流动渠道。这使得加州高等教育系统既存在巨大的不平等性(三个不同的层级,分别提供差异极大的教育项目、机会和声望),也具有相对的流动性。

世界上绝大多数的国家采用政府组织大学入学考试的方式,

① California State University 2015.

作为分配顶尖大学入学机会的机制。但高度去中心化的美国高等教育系统则有所不同，它的运行机制看似是无政府主义。它入学选拔的方式并不统一，而是有许多种。这里没有给备考学生们的清晰规则，而是有种类多样且相互矛盾的经验法则。此外，选择进入不同层级的机构，面对的经验法则也会截然不同。

我们先来看中上层家庭希望他们的子女进入的顶尖机构（顶尖的博雅学院和研究型大学）的录取程序。这一层级的美国大学，在挑选学生时有一套复杂且不透明的程序，涉及一系列广泛因素：就读中学的质量、学生学习成绩、中学学分、SAT 或 ACT 分数、申请文书中表达出的兴趣和热情、父母的校友身份、是否需要经济资助、体育技能、服务活动，还有诸如族裔、种族、阶层、国籍、性别和性倾向等多元因素，以及可能给校园课外生活带来的贡献等。没有统一的评审程序，每所大学都有自己的录取审查方式和独特的标准。

这种开放和模糊的录取程序，为中上阶层家庭提供了巨大优势。如果你是一位从大学毕业从事专业活动或管理工作的父母，那么上好大学的回报已经显而易见，你已经拥有了熟练应对这套系统的文化和社会资本，可以读懂它运作时的"加密信息"（codes messages）。对你而言，上大学不是问题，问题是你的孩子上哪所大学能为他未来的工作提供最大的竞争性优势。你想让他上的大学，一定是最有可能将他拒之门外的大学，而不是那种敞开怀抱，欢迎他们的那种大学。于是你为你的孩子报名备考班、聘请大学申请顾问、制定高中课程计划、参加课外活动、打磨参加服务性活动的简历，使他看起来洋溢着公共精神；你带他们参加游览大学活动,选择申请"拔高学校"(stretch school)和"保底学校"(safety school),以及两者间的"中策"。这些努力会得到漂亮的回报:77%的来自高收入家庭的孩子们获得学士学位。[①]

如果你是来自阶层地位较低的父母,没上过大学,工作环境比不上大学毕业生,那么你在参与高等教育系统的游戏规则之时,会面临很多困难。结果也很残酷:只有17%来自第四档收入家庭的孩子能够拿到学士学位,最低收入的家庭则只有9%。[②] 在这种情况下,只要让你的孩子上大学,不管是什么大学,就是一件大好事。但你面临着美国高等教育系统提供的极其复杂的选择:是公立还是非营利,或者营利性;两年制还是四年制;学院还是大学;以教学为主还是以研究为主;学生规模庞大还是小规模;职业教育还是通识教育;校级体育属于第一级别联赛,还是第二、三级别,还是压根没有体育比赛;盛行聚会文化的学校(party school)还是书呆子们的避难所(nerd haven);排名高还是排名低;全日制学习还是兼职就读;城市的还是乡村的;住宿还是走读,或者是"手提箱学院"(suitcase college)(学生们周末回家)。在这个复杂的体系中,消费者和生产者都在做出最大化自身利益的选择。中上层家庭是从系统中谋利的高手,他们把复杂性简化为几个核心要点:高标准录取的四年制机构,最好是私立(非营利性)。其他都是次要的。

如果你来自工人阶层家庭,缺乏对高等教育系统的深刻了

---

① Pell Institute and Pennahead 2015,31.

② 同上。

解，也没有用钱可以买到各式各样的有助于录取的助力方式，那么你大概率只会依照表面价值做出判断。让你的孩子去上社区学院，是最显而易见且最具吸引力的选项。它离家很近，花销小，容易被录取。这也是你孩子的朋友们将要上的学校，学校允许他们一边工作一边学习。它不像州立大学那样高高在上和遥不可及，更不要说常春藤学校。申请入学时，除了高中证书或者普通教育发展证书（GED）＊，你不需要其他任何东西。考试测验、顾问、旅行或者简历打磨，一律不需要。或许你可以尝试高一个层级，也就是当地的综合性州立大学。申请入学，你要提供的也只有高中成绩单。也许你会被拒绝，但它至少是你更喜欢的。它的花销要比社区学院大一些，但通常可以获得联邦资助和贷款。还有一个选择，就是营利性机构（for-profit institution），它非常容易进入，学制很有弹性，通常提供在线课程。它不便宜，但联邦资助和贷款能提供你所需的开支。然而，你可能不知道的一个事实是，最容易被录取的低层级学院，也是学生们毕业率最低的学院。只有 29％ 的两年制学院的学生，在三年间取得肄业证书（associate degree），只有 39％ 的学生在六年时间中，取得两年制或四年制学院的毕业证书。[①] 你或许没有认识到，这些学院的经济回报低于系统中高层级的大学。高层级大学为学生提供帮助他们取得毕业证书的更多支持，而且由于更多的奖学金资助，它的花销还更小。

＊ 译者注：美国为验证个人是否拥有高中级别学术技能而设立的考试及证书。

① NCES 2014, table 326. 20; and Community College Research Center 2015, respectively.

　　所以这个市场导向和非正式的结构系统,以及它的复杂和不透明性,强化了位于社会等级中上流阶层的优势地位,并且限制了底层人的机遇。这个系统的规则是奖励经验老手们内幕知识,但为新入局者设置障碍。想要更好地玩转它,你必须摆脱所有学院和大学都是一样的幻象,学会从系统中高层级的大学中获益。

　　但与此同时,美国高等教育系统的流动性也真实存在。没有政府明确认定的正式结构分轨,美国高等教育系统中不同层级之间的界限也模糊不清。中学课程成绩或入学考试成绩,不会提前限定你家孩子的未来,他们可以申请任何自己心仪的大学,看看会发生什么。当然,如果他们的分数和成绩不太理想,被高层级的机构录取的可能性会很小。不过,进入一所以教学为主的州立大学,还是有相当多的机会;至于社区学院,则几乎可以确保百分之百被录取。如果同大多数社会处境不利的家庭中的孩子们一样做出相同的选择——进入一所社区学院,他们仍然有机会证明他们的学术能力——获得副学士学位(AA Degree),转学进入一所大学,甚至是研究型大学。即使这些机会不大,但也是真实存在的。向系统中高层级机构攀爬的可能性较低:多数社区学院的学生们从没有获得副学士学位。相比于作为大一新生而被直接录取的学生们,转学生在新大学会遭遇到更多困难。但毫无疑问,这个可能性确实存在。

　　请注意,我在表达第五章中提及的观点——美国高等教育系统能同时实现促进社会流动开放和巩固精英特权优势两方面功能,它们的融合是美国高等教育系统的主要力量源泉。美国高等教育,对所有人都有用。它帮助底层人们实现向上流动,上流社会则借此维持他们的优势。它提供有社会价值的教育服务，满足不同能力层级和消费者偏好的需求。每个人都需要它，都能从它这里获益，所有人共同为美国高等教育提供了难以想象的广泛政治支持。如果给底层提供的机会只是一场骗局，那就不可能获得这种合法性。第一代大学生，即使他们在中学阶段学习很吃力，也能进入社区学院，转学到圣何塞州立大学，最终在世界上最佳和市值最高的公司（苹果公司）工作。这当然不是经常发生，但确实可能。是的，你的优势越大——文化资本、社会联系和家庭财产——在系统中成功的可能性就越大。但如果你缺乏这些东西，你仍然有通过这个系统获得一份不错的中产阶层工作的外部机会。

这有助于解释，为什么美国高等教育体系在维系上流阶层的社会优势的同时，没有招致底层的反抗。来自底层和劳工阶层的学生，不太可能被高等教育系统中能带来最大社会回报的顶尖大学录取，但进入某种类型的学院的机会仍然很大。进入系统中低层级学院，就可能在未来获得一份不错的工作。低层级机构的开放入学，与它帮助学生取得学士学位的实际效用，二者结合使美国高等教育系统具有开放性，因而广受好评。这也让学生们背负压力，担心不能利用好它——系统给你机会，但你没抓住。当学生们试图在系统中向上跃升但失败之后，一堆现成的归罪于个人因素的解释将接踵而至：你学习不够努力；你在中学没有取得理想成绩；你没有考出理想分数，所以你不能进入高选拔性的大学。你只能进入一所社区学院，就读期间你被打工、家庭或朋友各种事情分心，不能专心学习，没有拿到副学士学位。或者你拿到了这个学位,也转学到一所大学,但你在于比你更有能力,准备更加充分的同学的竞争中非常吃力。与其他多数没有拿到学士学位的学生一样,你要为自己的失败负责。那些偶然出现、引人注目和来自同龄人的成功事迹,更会证明这一点。面对不公平的指责,美国高等教育系统总能很好地为自己辩护。

所以我们会理解为什么底层人们没有强烈抗议,因为系统已经给你提供了机会。还有一个原因就是,它维系着你对教育将带来回报的信念。从低层级大学获得的学位带来的回报低,但在某些情形下,学位之间并没有差别。有时候,找工作或升职时的问题不在于你是否有一个优等证书,而是你的证书是否满足了岗位要求中的最低条件。科层制运行看重的是形式而非实质。只要你有本科文凭,凤凰城大学(Phoenix University)与宾夕法尼亚大学的学位,效用一样。比如说,你是一名公立学校的教师,凯佩拉大学(Capella University)＊和加州大学伯克利分校颁发的学士学位一样有效,它们都保证你有资格获得这份月薪 5 000 美元左右的工作。

与此同时,我们也可以理解为什么美国高等教育系统引起学生们如此多的焦虑情绪,他们希望通过高等教育向上层攀爬,获得不错的生活。在 21 世纪的美国,这是获得一份好工作的唯一途径。没有高等教育,你将失去通向白领工作的渠道,只有它才能提供优厚待遇和社会保障。也许,你可以自己创业,或者在没

＊ 译者注:凯佩拉大学是美国明尼苏达州一所营利性网络大学,提供商业、资讯科技、教育、心理学、公共卫生、公众安全及大众服务等课程。

有大学文凭的情况下,在某个单位里面打拼。但前者风险极高,后者也不太可能实现,因为大多数工作岗位都会有文凭要求,无论工作经验多少。所以你不得不把所有的希望,放在高等教育这唯一的篮子里面。即使因你中学阶段糟糕的学习成绩,还有家庭成员和朋友们的经历,你知道自己成功的机会不大,但也不得不如此。要么在高等教育系统中努力碰碰运气,要么完全放弃。这是一种令人焦虑的情形。

不太容易解释的是,为什么即使美国高等教育系统的规则如此明显有利于社会上层,它也依然给他们带来如此多的焦虑。美国的中上层对教育事务,尤其是送他们的孩子进入合适的大学,有深深的执念。为什么?他们居住的社区有最好的公立学校,他们的孩子有学校体系中最为重视的文化社会技能,他们有能力直接花钱,把孩子送进住宿制学院,即使是最贵的私立学校。所以,对他们而言,为什么少数的那几所大学就那么重要?为什么他们的孩子如果要在加州大学系统就读,就只能进入伯克利洛杉矶分校?河滨分校或者加州州立大学系统的校区为什么不行?为什么要对进入哈佛和耶鲁,有如此超乎寻常的执念?

美国高等教育系统中最精英大学的录取结果,之所以会引发异乎寻常的关切,其背后动力是:父母所拥有的特权中,只有财富可以传递给子女,专业身份则不行。现代社会中,职业只能自己争取,而不能代际传递,所以教育是现代社会的核心。如果你是一位成功的医生或者律师,你可以为你的孩子带来许多优势,但如果想要他们获得和你一样的职位,他们就必须在中学有好成绩,上好大学,再进入一所好的研究生院。除非你有自己的公司,但即使是商业管理人员也不能将职位传递给他们的孩子,事实上也很少有人真的这样做。就像很多大公司的股东,会选择让有能力的管理团队打点公司,以此让他们获得更丰厚的利润回报,而不是交给老板的儿子。在现代社会的这种情形下,给你的孩子提供社会优势(social advantage),意味着就是为他们提供教育优势(educational advantage)。为在职业等级体系中赢得更显赫的地位,曾经在教育等级体系中努力攀爬的父母们,自然非常懂得需要做什么才能要实现目标。

除此之外,他们还知道一些别的事情:当你处于社会体系的高层时,继续升高的可能性很低,但向下滑落的可能性却不小。看看美国的阶层代际流动的数据就很清楚。家庭收入居于前20%的孩子长大后,有60%会比他们的父母低一个层级,37%会至少低两个层级。① 这是明显的社会地位滑落。所以家长们有充足理由担心他们的孩子会向下滑落,因此他们将自己的权力转化为教育资源,以阻止这一切的发生。问题在于,即使你的孩子有足够优越的资源去应对教育系统的游戏规则,但也总会面临许多来自底层家庭的孩子们带来的严峻挑战——他们野心勃勃且前程远大,并通过了教育系统的层层考验。因此,你必须确保你的孩子上最好的小学,参加高层级的阅读小组和各种天才项目,修读很多大学先修课程,进入一所高选拔性的精英学院和研究生院。不要指望外在机遇,因为你的继承人无论是才华与抱负,在那些克服层层障碍,在教育体系中向上攀爬的孩子面前,很可能

① Pew Charitable Trusts Economic Mobility Project 2012, fig. 3.

都稍逊一筹。二战后美国高等教育的入学率上涨,这使得系统中顶层大学录取的竞争变得极其激烈。而且随着高等教育大众化的实现,竞争程度还在持续增加。正如杰罗姆·卡拉贝尔(Jerome Karabel)在关于美国精英大学招生历史的研究中所提到的,美国高等教育不会将机会均等化,但会把焦虑均等化。[1] 它使美国社会中不同阶层的家庭都十分焦虑,尤其担心自身能否玩转高等教育系统的游戏规则,只因这是通向美好生活的唯一捷径。

二、低层级机构对于教师意味着什么

美国高等教育的多层结构不仅与学生息息相关,对于教师也意义重大。系统必须自我再生产,培养出足够多的拥有博士学位的毕业生,以填充这个国家中 4 700 所高等教育机构中的 150 万个教师岗位。[2] 所以,现在让我们从教师的视角去分析美国高等教育系统。首先,我们来看一下教授职位给作为整体的美国高等教育系统的成功和合法性带来的挑战。在美国这样一个高度分层的高等教育系统中,最优质的奖励和特权都明显向顶端的研究型大学和博雅学院倾斜。在系统底部的机构,必须设法招募和维持足够的教师数量,它们要想生存,不能效仿哈佛那一套。如果这些机构不能应对游戏规则,它们就会变得死气沉沉,不能实现为底层学生提供教育机会,帮助他们找到一份中产阶层工作的承

[1] Karabel 2005,547.
[2] NCES 2014, table 301.10.

诺。在美国高等教育系统中,学生和教师会发觉二者都处于极其相似的境地之中。这个事实,有助于我们找到走出困境的办法。

前文已经分析过,美国高等教育系统通过让学生进入大学实现向上流动的可能性。但想要获得社会职位方面的实质性跃升,则可能性较低。很多学生将被系统淘汰,在没有拿到学位的同时还身背债务。一些人能从低层级机构获得学位,从而获得一份低等的白领工作。还有人可以获得学位,并谋得一份中间岗位的工作;只有少数人能抓住走向发达的机遇。教师群体也是大体类似。

从统计数字来看,在高等教育系统中的顶尖机构中谋得教职,成功的概率可谓是微乎其微。美国有 108 所大学被定义为"非常高级的研究型"(very high research)机构,它们颁发了多数研究型博士学位,其中一半左右的学位由声望卓著的美国大学联合会的会员机构授予。同时,有 2 900 所四年制学院招聘有博士学位的教师。(对社区学院来说,通常的最低要求是硕士学位)。超过的一百万教师就职于四年制学院,只有 7％就职于美国大学联合会的会员机构,20％在非常高级的研究型大学。① 所以美国大学联合会的会员机构的博士毕业生面临的就业市场情况就是,93％的潜在雇主单位都会比他们的母校层级低,而且通常情况还会低很多。对高级研究型大学的毕业生而言,80％的雇主单位会比他们的母校层级低。对多数教职候选人们来说,向下流动,是注定的命运。

---

① 卡内基高等教育分类称这些机构为博士授予型大学,是从事最高级的研究活动的机构。

实际上,如果你看一下系统中最顶尖机构的情况,这个数字会更加令人生畏。在第六章我们提到过瓦尔·贝尔雷斯的研究,他分析了美国所有授予社会学博士学位的 94 个社会学系,以及它们彼此如何聘用对方的毕业生用以补充新教职的流动模式。他发现,排名前五的社会学系为所有 94 所社会学系培养了 32% 的教师。而前五名的教师中,56% 毕业于其他排名前五的机构。前五名中只有 9% 的教师毕业于排名低于前二十的机构。前二十名的社会学系,为这 94 所社会学系培养了 69% 的教师。前五名的毕业生中只有 14% 仍在排名前五名的社会学系中工作,65% 去了排名在二十名开外的机构。二十名开外的毕业生们中,90% 去了二十名开外的社会学系。①

我们分析一下,这对于未来的教授们意味着什么。如果你想在前五名的系科中谋得一份教职,那么你会被建议最好就从它们之中的某一家拿学位。如果你想在前 20 名的机构获得像样的机会,那也必须从前 20 名拿学位。但即使是最顶尖学校的毕业生,也会面临向下流动。从前五名机构获得学位,并且在前 94 位机构中找到工作的毕业生中,三分之二的人都在排名 20 名开外的学系。这还不包括那些就职于 2 800 余所四年制学院的毕业生,这些学院排名根本无法进入前 94 名。

当然,还有很多人压根从未成功在高校中谋得职位。1999年,一项对数千名获得博士学位超过十年的毕业生经历调查显示,一半以上的调查者曾希望成为教授,但十年后只有三分之二

---

① Burris 2004.

获得了大学教职,一半人获得了终身教职。[1] 考虑到教职岗位的
市场分布,这些未来的大学老师们大多数只是在比他们博士毕业
院校排名低的机构中实现了目标,而且多数人都去了录取标准很
低,或者并非研究导向的学院或大学。实际上,相当数量的博士
毕业生落脚于比他们母校低不止一个层级的机构,甚至不是四年
制学院,而是两年制的社区学院。超过四分之一的大学教师任教
于社区学院。社区学院中,16%的全职教师拥有博士学位。[2] 此
外,这些博士毕业生们寻找教职时还有一个更棘手的问题:四年
制学院和大学的 100 万教职中,许多还是兼职岗位——公立机构
的比例约为 35%,私立机构为 50%,而且过去二十五年间这个比
例正在稳步增加。[3] 兼职岗位意味着低报酬、没有社会保险和福
利。2011 年,公立研究型大学中兼职教师讲授一门课,平均报酬
是 3 200 美元。[4]

这对那些不是从排名前二十名的机构中获得博士学位的未
来教授们意味着什么呢? 精英大学的毕业生供给远远超过精英
大学的岗位需求,导致了向下流动的洪流。在求职竞争中,精英
大学的学位把非精英大学学位挤到美国高等教育系统的边缘。
因此,顶尖研究型机构的毕业生垄断顶尖机构的招聘,并占据次
一级的研究导向机构中的多数岗位;次一级研究型大学的毕业
生,则去填充教学导向的四年制机构的教师岗位,这些机构拥有

---

① Nerad, Aanerud, and Cerny 1999.

② NCES 2014, table 315.50.

③ NCES 2015b, table 5.

④ Weissmann 2013.

最多高校在读学生。那些剩下的人，只能在一所或多数四年制机构中谋得兼职工作，或者去社区学院。最后，想想那些从美国460所不属于高水平研究机构，但能授予博士学位的机构中获得学位的未来高校教师的悲惨处境：这些机构培养了美国34%的研究型博士。[①]

对最近的博士毕业生而言，向下跌落的程度简直令人吃惊。他们离开了顶尖机构中神圣的环境——教学负担小、专注于研究生、高录取标准和充足的研究支持，下降到地区性州立大学，这里的真实世界是：班级规模大、教学负担重、学生肄业、录取标准低，研究的时间和资源都很匮乏。因此，一位新博士毕业生极有可能最终只能去到他们不喜欢的岗位。

那他们如何面对此种局面？让我们从他们的视角考虑问题。首先，你需要迅速采取行动，抓住机会向研究型大学的机构层级攀爬。实现这一步的策略众人皆知，你必须为一份好工作做好规划，证明你是一位能在研究型机构中立足的学者。最初的阶段可能很艰难，充满变数。也许你压根找不到教职，只能寻觅一个博士后岗位，使你有继续谋求发表的机会。或者你延迟毕业，能继续为更多发表而努力，以及学位不会失去实效。或者你接受一份临时合同岗位或数份兼职，期待有朝一日拿到固定工作。

当你发现你在不合适的机构中获得了固定工作，你一定会希望换一家合适的机构。首先，你应该依靠你的博士论文研究，找机会在学术会议上呈现，或者将其发表在最好的学术期刊上，或

---

① Carnegie Classification of Institutions of Higher Education 2010.

者通过大学出版社出版。紧接着你应该迅速发展出新的研究领域,它与你的博士研究相关,但应该是更有前景的新方向。你勤奋地耕耘,把你的工作展示在最好的平台上,吸引你所在领域中的资深学者的关注。关系网络很重要,依靠你导师的声望和关系,建立你自己的学者关系网络,向他们介绍你的研究,争取他们的支持,把他们作为伙伴。申请经费和支持,用经费买断你的教学时间,招募研究助理。申请经费是非常关键的学术能力,要知道研究型大学的招聘委员在考虑青年教师候选人时,非常看重这一点。争取获得学位论文奖或青年学者奖项,能在求职时成为市场信号,表明你有可能成为学术大牛。所有这些都很困难,不仅是因为你要面临其他博士的激烈竞争,还因为你身处教学任务量很大,但研究支持很少的机构。也许最终,依靠运气、关系和优异的发表成果,你获得系统中更高层级机构的岗位。恭喜! 现在,你必须在竞争更激烈的环境中力争获得终身教职。如果你失败了,你会被挤下梯子,重新回到系统底层,只不过这次你将永远失去从头再来的机会。

这是一个艰难的过程,成功的可能性并不乐观,只有少数人能向上流动,回到他们毕业的那个层级的大学。但向上流动一两小步是可能的,而且其好处显而易见。这样的流动会带来更优厚的收入、教学负担减轻、对研究的更多制度性支持、更优质的生源、更多可以作为研究助手的研究生,以及下次跳槽时更好的机构头衔。在最开始,拥有一份一流机构的学位尤为重要,但日后你必须更加依靠你的学术发表的数量和质量去证明你的能力。随着时间的推移,你的地位将更多被你目前所供职的大学所决定,而不是当初你毕业的学校。

　　毕业数年之后,你在学术界等级的位置将被固定。你所在的机构名称已经成为你的学术身份。到了这一步该怎么办呢? 下一步是要让你现在的机构,更接近你曾经毕业的学校,而且必须持续努力。所以你和处境相同的同事,向管理者寻求支持,要让你们的机构在高等教育等级体系中再上一层楼。机构向上流动的策略与个人向上流动的策略大同小异:减轻教学负担;招募更多有研究能力的教师;拔高获得终身教职和职称晋升的研究成果标准;增加研究和差旅经费;提高本科生的录取标准;增加研究生的比例;如有可能的话,建立博士项目。管理层、教师、学生和校友,都有提升大学排名的想法。一所更有声望的大学会使每个人都能从中获益。

　　这对低层级机构中的学生意味着什么呢? 首先我们来看教师在高等教育系统的向上和向下流动对学生们的影响,再来看他们提升机构排名所做努力的影响。从正面角度而言,教师流动保证了低层级的大学和学院也有充足的高质量教师。最好的博士项目为系统中不那么显赫的机构培养了大量教师。所以,教师的向下流动,有助于促进学生的向上流动,因为学生们通过曾经接受过一流教育的教师们,也有机会感受一流教育的优势。美国高等教育系统把在研究型大学中最新出炉的年轻学者,分派到低层级的学术贫瘠之地,也完成了才能从系统顶端向下浸润的过程。低层级大学中的学生,也有机会部分享受精英大学才有的教育优势,尽管他们永远不可能被这些精英大学录取。

　　但对于学生们而言,这套系统的问题在于:教师总是想离开这里,向上流动。这些教师渴望在更高层级的机构中与更优秀的学生合作,他们总试图减轻教学负担,通过更多学术发表,获得更好的岗位。此外,这些拥有精英教育背景的教师,很难与教育经历低于平均水平的学生们融洽相处。对拥有优秀的学术才能,曾经就读于顶尖大学的教师们而言,他们很难做到不轻视开放入学的机构中的学生们。老师们会认为学生才智堪忧,这可不是师生关系的良好基础。

教师不仅希望其个人能在系统中向上流动,他们也在努力提升他们所供职的机构的层级。这对学生而言,好处在于,就读的学院在等级系统中地位提升,他们所获的证书和学位,在求职市场中也更有价值。还有,正如我们在第三章已经提到,低层级机构主要以相对狭隘的职业教育为导向。层级提高后,学生们接受的通识教育成分增加,所学的范围更加广阔,这有助于他们获得更多样的工作机会。但对学生们而言,大学教育导向变化的问题在于:他们获得的不再是适用于特定职业领域扎实的技能教育,而是由发散思维主导的精英主义色彩浓厚的自由教育。这既不能使他们获得深厚的文化素养,也不能为他们未来工作的岗位提供直接的帮助。让地区性州立大学的学生们学习哈佛的课程,这并不符合他们的利益。

最后让我们来总结一下。同美国高等教育系统中的其他要素类似,低层级与高层级之间的关系,对教师和学生们产生了一系列喜忧参半的结果,这其中既有好消息,也有坏消息。虽然美国高等教育系统赋予他们向上流动的可能性,但真正的大幅向上流动,可能性极低。流动机遇真实存在,但如下情形出现的可能性更大：有优势的人最后仍然享有优势，没有多少优势的人，最后也还是维持原样。美国高等教育系统激励教师和学生双方都努力抓住机遇，但如果他们失败了，系统会把失败的责任归于他们自己。它会说，我们给了你机会，但是你没抓住。美国高等教育系统总是为我们提供事物的两面性：开放和优势，机遇与特权，流动与固化。

第九章
完美的混乱

　　过去两个世纪间，美国高等教育系统经历了一段非凡的历程。它的起点是一些不入流学院，它们只有州政府颁发的特许状，看起来前景黯淡。它们处于偏远地区，欠缺稳定的财源支持，只能勉力求生存：聘用收入微薄的教师；招收那些能付得起学费的学生，不在乎他们的学术能力是否合格；吸引校友和当地商人的捐赠，向他们证明与学院建立联系是一项有回报的投资；向政府和教会乞求资助。这些学院的创建者们并非为了增进高深学问。往好处说，他们是为了训练牧师，以谋求他们的宗教教派能在教派竞争激烈的地区，扩张自己的势力；往坏处说，他们只是在试图炒高当地的土地价格。因为创建学院能使一文不名的小镇看起来像个文化中心，从而吸引有钱的买家投资入驻。

　　至 1880 年，美国学院数量已是同期欧洲的五倍。尽管数量众多，但实际上毫无吸引力和学术声誉。这些糟糕学院组成的乌合之众，只有在 19 世纪晚期采纳研究型大学模式之后，才拥有了些许声誉，该模式以学术卓越和增进知识为目标。但实际上，此后 50 年间,大多数美国高等教育机构并没有实现这两个目标。恰恰相反,拉动 20 世纪前期大学入学率飞速提升的因素,并非是对大学学术知识的渴望,而是它诱人的回报。上大学,成为中产阶级家庭将社会优势传递给下一代,或者工人阶层家庭帮助其子女获得白领工作的主要途径。

结果就是,消费者对高等教育的需求,持续增长了一百年,极大促进了高等教育系统的规模和复杂性。最大规模的需求增长发生在冷战时期。当时,大部分新增的入学人群来自系统较低层级的开放入学机构。也正是在这个时候,在系统顶端,那些录取最为严格的研究型机构成为世界上最有声望的大学,直至今日仍是如此。总而言之,美国高等教育系统从 19 世纪的贫穷窘迫和被人轻视,至 20 世纪实现富足和地位显赫的历程,是历史上引人注目的机构成功故事之一。所以,世界上的竞争者们不得不纷纷采纳美国模式,以提升其全球排名,诸如可转换的学分制、标准化的学位项目、向学生收取学费、机构自治、竞争性的研究经费、教师研究的激励机制、机构排名系统,以及用学术引用数据衡量期刊水准等做法。

与之前成功崛起的耀眼光芒相比,21 世纪初期美国高等教育的成就则稍显黯淡。在某些方面,今日美国高等教育系统的处境有些不妙。它的巨大成功,始终伴随问题。为满足消费者们希望通过上大学实现地位上升或维持上层地位的需求,高等教育的规模飞速扩展。但现在,对于政府和消费者而言,此举花销过于庞大。政府拨款缩减,学费和学生贷款负债上涨,入学率增长趋势由此已经放缓。这个趋势被认为是对追求机会平等之希望的潜在威胁,而这种希望原本一直是由美国教育提供的。因为美国人习惯于认为,只要机会向所有人敞开,社会不平等就是可以被接受的,而教育则负责提供开放机会。

高等教育作为庞大教育系统的顶端,如今成为讨论社会流动机会问题的焦点。低层次教育系统已经满载,高等教育成为人们争取机会和维系优势的唯一可能。但现在本科教育已经接近完全普及化,这意味着争夺社会优势的战场已经上移至研究生院层次。伴随着美国教育的长期扩张,现在每年授予的研究生文凭数量已经增长至本科文凭的一半。[①] 此趋势若延续,花费将过分昂贵;但将其遏止,在政治和社会层面又会不堪设想,因为这标志着美国梦的死亡。

因此,一直以来作为庞大教育系统王冠上的珍珠的高等教育,如今正遭受到越来越尖锐的批评和激进改革提议的抨击。在历史长河中,所有经历过入学人数增长的教育层级,都曾遭此命运,如 19 世纪的小学和 20 世纪的中学。在 21 世纪,我们听到各种呼吁:增加对大学的审计;提高大学运作和财务支出的透明性;将大学的各种复杂运作和功能分类,再分别将其交付给更有效率和专业化的机构。还有各种削减开支的呼吁:通过在线课程将教学活动外包、增加教学任务量、取消体育比赛和奢华的校园设施等。

总体而言,这些改革的呼吁合乎情理。原因在于,整个系统尤其是大学提供所有服务,表面上很难用统一的方式去为其辩

---

① 关于研究型学位数量的增长,参见 NCES, 2014,表 301.10。

护。这个系统许多运营的核心原则，如组织的高度复杂性、运作的不透明以及高深文雅知识与喧嚣体育活动的怪异组合，确实欠缺表面的有效性。然而，我认为这些美国高等教育系统起源时就伴随而生的特点，正是造就它如此成功的核心要素。

我们已知，美国高等教育系统诞生于一个政府弱小、市场强大和教会分裂的时代。它的初期目标，与一流研究、高级学问、社会流动或者经济价值毫不相干。那些早期出现的学院，建立目标都不那么高尚，诸如增加教派影响、提升土地价格，为其所在城镇提供能够力压其他城镇风头的炫耀资本。这些学院奠定了整个系统的核心规则和结构。结果就是，它们造就了有弹性、生存性强、具有企业精神以及消费者导向的高等教育系统。但关键问题是，这个高等教育系统的建立，不是为了提供教育，而且在很长一段时间内，它所提供的教育水平都并不算高。

然而我认为，这些微不足道的起源造就了美国高等教育系统的非凡成功。它之所以如此成功，正是因为它搞砸了这一切。这是一个没有规划的系统，它在回应一系列市场导向的需求时得以产生，这些需求扎根于 19 世纪初美国的特定时空背景中。因为没有任何管理实体有控制它发展的意图、能力或者金钱，这个系统就笨拙地按照自己的方式前行。它学会了如何适应不确定性，从而能够抓住机遇，在逆境中求生、寻求财政和政治的赞助，取悦主要客户，以及培育忠诚而又慷慨的校友群体。

与许多市场导向的机构类似，它有强烈的求生欲，同时又能在面对不同环境和赞助者时，随着时间变化调整生存方式。在许多时候，它的存在同时满足如下目的：传播信仰、回报投资者、增加城镇荣耀、培养领导人、生产人力资本、发展知识、提供机遇、提供童年迈向成人的愉快过渡、帮助人们结识合适的另一半、推动经济增长、增强政府权力。它还经营着一个职业体育的次级联盟，也是提供公共娱乐的主要场所，同时还创造了大量的就业机会。

一、定义美国高等教育系统的元素组成

美国高等教育系统有哪些要素，使它能够在短时间内就取得如此成功？一个要素就是机构自主（Institutional autonomy）。世界上的多数大学，完全是由国家管辖的部门。国家拥有、资助和管理这些大学，把它们作为政府部门的地方分支，把教师视为公务员。预算、工资水平、费用、招生录取、政策和项目，都由国家或地方教育行政部门的命令控制。但在美国，学院和大学更像在激烈市场环境中的独立企业机构。公立机构在经费和政策方面受到的限制比私立机构要大。但二者的不同更多只是程度的问题，而非类型层面的鸿沟。政府拨款只是公立机构开支中的一小部分，所以它只能也像私立机构那样，努力寻找替代性财源。机构拥有相对自主性，管理者和教师习惯于追逐尚未浮现的机会，寻求开拓新市场，提供新项目和服务。这种自主性使得美国高等教育系统富有弹性。

与之相关的第二个核心特征就是美国高等教育系统对于消费者需求的敏锐性。大学无法从国家或教会获得充足支持，便向客户寻求帮助。学生，尤其是本科生缴纳的学费是大学预算的基

础部分。公立大学也能从学生身上获得政府拨款，注册学生越多，州政府拨款也就越多。还有一点很重要，这些机构的毕业生，未来也会成为主要的捐赠者。他们提供经费，以他们的名字命名新建筑、项目和教授讲席。这意味着美国大学想要生存并且兴旺发达，必须在与同行的生源竞争中取得胜利，而且也必须让大学生活充满魅力，对人格塑造发挥积极作用，确保毕业生们能维系对母校深沉且持久的忠诚。所以，一个活跃且充满活力的校友协会，它运营校友杂志、组织年度聚会、返校体育比赛、学院俱乐部，以及分发校友礼品等，就是大学发展办公室下的重要附属机构，也是机构资本（institutional capital）的主要来源。这也是为什么课外活动，尤其是橄榄球和棒球比赛如此重要的原因：它鼓动学生们在比赛日，穿同样颜色的衣服，学生将终身同母校联结在一起。在我的前东家密歇根州立大学，流传着这样一句话——最忠实的校友身上流淌着"绿色的血液"，* 因为它的加油口号是"绿色加油！白色加油"（go green, go white）。

美国大学的消费者导向为我们提供了一扇窗，从中得以窥见造就其成功的更加宏观的因素：它吸引广泛赞助者的能力。因为高等教育市场的激烈竞争，供给总是无法满足需求，美国大学永远不能像其他机构那样，把"鸡蛋放在一个篮子里"。与之相反，它需要提供多种多样的功能服务，尽管它们看起来十分矛盾；同时满足各种赞助团体的需求，尽管他们之间会存在冲突。

我们也已经看到，美国大学自身呈现为一种同时容纳平民主

---

* 译者注：密歇根州立大学的代表颜色是绿色和白色。

义、实用主义和精英主义三种模式的场所。

平民主义模式指的是，它为大量学生提供的本科就读经验，其实更多是为了满足他们的社交需要，而非高级的学术标准。大学橄榄球比赛、兄弟会聚会、美食街等活动能招徕更多学生，他们缴纳学费，未来还可能提供捐赠，这些钱则支撑教师和研究生们进一步追求高深学问。大学的角色，还要求它不能像象牙塔那样高冷，而必须是平易近人的机构，即得到公众的认同和支持。这才能为大学在所在的地区和州谋求到最广泛的政治基础。

实用主义模式指的是，大学面向社会公众、商业利益提供发明、项目和服务。它培养教师、医生和工程师；它生产药品、软件、新品种小麦；它提供音乐会、博物馆和娱乐。它也通过多种方式刺激经济发展：聘用大量熟练和非熟练的员工，增加商业额外收入，帮助建立工业园区（如硅谷）。

精英主义模式指的是，大学的首要关切是知识生产。这里聚集着最优秀的科学人才，致力于解决最复杂的问题，并将研究生培养为下一代的科研工作者。这是大学最具有精英学术色彩，脱离普通生活最遥远的部分。如果大学只做这些，它将失去坚实的政治和财政支持，但如果它完全不涉及这些，大学就只不过是社交俱乐部或者研发中心。

这三种模式同时并存于任何一类机构之中，不管它是研究型大学、综合性大学或者社区学院。它也在整个系统中错落分布：顶尖的大学会更多几分精英主义特色，低层次的大学则更多几分实用主义和平民主义特色。

美国高等教育系统的第四个显著特色是它的模糊性

(ambiguity)。它在整个结构中，糅合了形式上的平等与非形式的不平等，这对于它的权威和合法性至关重要。这种模糊性的重要表现就是"go to college"这一说法的歧义。在美国之外，去上"学院"（college）意味着进入低层次的高等教育机构，就像美国的社区学院或者技术学校之类。"大学"（university）这个概念，指的是培养管理人员或者专业人士的高层次机构。但在美国，"学院"和"大学"很大程度上可以相互替换。在本书中，我也采取了这种做法，这或许会让非英语母语的读者感到困惑。在日常用语中，美国人更经常地使用"college"。常说"university"，不仅音节多，读来拗口，甚至还会被认为有些炫耀做作。不管是被耶鲁大学还是社区学院录取，美国学生都会自称是"go to college"。在这个意义上，几乎所有的美国人都能上大学，即"go to college"，事实上多数人也确实如此。但进入系统分层结构中不同层次的大学，所获得的收益差别巨大。在美国，38％的本科生就读于社区学院，另外39％就读于开放入学的地区州立大学。只有14％进入研究型大学，3％能进入排名顶端的私立研究型大学。[①] 因此，名义上美国高等教育系统是平等和开放的；但实际上它却高度分层且利益分配极度不均。它代表着既平等又精英的高等教育观念。这样的好处就是，美国高等教育系统得到了最为广泛的社会支持。

美国高等教育系统的最后一个特点，是单个大学机构的组织复杂性（organizational complexity）。其实用"复杂"来形容，仍然

---

① 另有7％的人进入文理学院，3％的人进入从事艺术和神学等领域教育的专门机构。数据源自2009年的统计，包括公立、私立和营利性机构（Carnegie Classification of Institutions of Higher Education, 2011）。

低估了它。一项对大学组织分析的经典研究,将这种复杂性形容为"有组织的无政府状态"(organized anarchies)。这种无政府状态,"可以被视为一些意图的集合:选项在寻找问题,议题与情感在寻找能在其中得到展现的决策情境,解决方案在寻找它们能回答的问题,决策者在寻找工作"。[1] 对学者(包括我)而言,大学的复杂组织结构是基于某些特殊目的而运作的。但其他旁观者,尤其是非学术界人士的商人,对此则颇有微词。一位担任大学董事会成员的资深商人,几年前在《高等教育纪事报》(Chronicle of Higher Education)上发表了一篇题为《让疯狂的学术世界恢复清醒》(Restoring Sanity to an Academic World Gone Mad)的评论文章,声称:"我从没有见过有比高等教育系统更缺乏组织焦点,管理更混乱的系统。原因何在? 因为无人主管。"[2]

大学复杂性的一个根源,我在第一章已经解释过,就是在一所大学中并存着三种完全不同的权力模式,而且它们都已在百年前就成为社会生活中的组织力量。传统权力模式源于中世纪教授行会(medieval guild of professors)的保守古老模式,它在课程和教学事务中,延续着对学院管理的影响。魅力权力模式是一种不稳定的模式,源于某位杰出学者不可捉摸的魅力,它在评定学术等级、奖项和声誉方面发挥作用。理性权力模式基于依照规章运行的科层制的现代构造,它高效地管理教职工,录取和管理学生,以及监督预算。理论上,现代社会中前两种权力会被第三种

---

[1] Cohen, March, and Olsen 1972, 1.

[2] Carlin 1999.

权力取代,但实际上在大学中,它们却同时存在。

大学复杂性的另一个来源,是三种完全不同的组织结构的混合。第一个组织结构是学系与学院(department and schools),教师们以终身教职制度为保障,保证人员聘用、晋升、课程和教学等事宜不受外行和大学管理者影响。它保护教师专注于自己的研究工作,免于政治和市场力量的干扰。它维系大学内部的稳定,甚至是完全静止。

第二个组织结构是研究所或中心,它们的流动性较大,甚至有些混乱。它在学系的权限范围之外运行,受核心管理者和变动的临时资助经费影响。学系长久存在,但研究所和中心则受捐赠者意愿、学者们的项目、政府研究经费的优先级别以及大学校长的个人抱负等因素影响,从而不断地产生和消亡。

第三种组织结构是由校长和教务长(provost)统领的大学中心管理层。大学校长由外行董事会(主要是商人而非学者)任命,校长又拥有任命其他人的权力。因此,美国大学的管理层拥有非常大的权力,包括教师任命和预算制定等关键事务的最终决定权,这种权力要远大于其他国家的情形。校长是外部世界和大学的主要中介,他协调调动外部资源,满足大学需求。这使他成为不同院系间的有力协调者,以及研究所和中心的促进者。正如斯坦福大学校长约翰·亨尼西(John Hennessey)喜欢说的话:"大学管理如同养猫(herding cat),而我掌握着猫粮。"这三种结构的结合,既保护了大学免受外部世界干扰,又诱导它参与到世界之中。这既解释了美国高等教育系统的稳定性,也解释了它的适应性。

二、美国高等教育系统相互矛盾的力量源泉

　　所有这些意味着，在我讲述的美国高等教育系统的历史故事中，真正的英雄不是它的内容（content），而是它演化出的形式（form）。所有我们热爱的——冰冷功利世界中的思想圣殿、经济增长的引擎、社会机遇的源泉、才能的纪念碑，都是该系统结构的副产品，而这个系统结构的建立，最初并非为了上述目标。美国高等教育系统之所以成功，乃是因为它的结构使它既能经济富足，又享有政治自主。它能从多种渠道收获财源和合法性，这使它避免只有政府、教会或者市场的单一财源，而且得益于它的结构所保障的自主性，大学带来的益处能涉及多个方面。

　　都有哪些方面呢？ 对我们这些在美国大学和学院工作中的学者们而言，它提供了一些我们认为非常重要的核心益处。最重要的是，它能保护并促进言论自由。在这里，教师和学生可以自由追求任何观点、任何论点，或者任何其他理智追求，并且免于政治压力、文化传统和市场利益的限制。与此相关的是，大学也成为不仅允许甚至鼓励各种尝试之地，这里可以追求任何有趣的观点，哪怕它不会带来任何表面的实际用处。

　　当然，这是对大学的理想描绘。实际上我们知道，政治、传统和市场时常会侵犯大学自主权，限制它的自由。美国高等教育系统中较低层级的部分，更会如此。我的观点是，不是理想已经实现，而是美国高等教育的结构，尤其是系统顶端部分，创造了相对自主的空间，能部分阻隔那些限制因素，相对实现其他地方不可

能实现的理智自由。

我们作为学者，关心的是自由的理智探索，但美国社会中其他群体关心的是，他们为支持高等教育系统而投入的大量时间和财富是否能获得回报。政策制定者和雇主的首要关切是大学生产的人力资本，它能提供与经济生产相关的技能，提高劳动者生产效率，促进国民生产总值增长。他们也赞颂作为知识生产场所的大学，这里开发出可直接应用于经济产生的技术、理论和发明，因此不少企业将工作培训和研发工作外包给了大学。

人们从高等教育系统中期待的实用利益真实存在。大学利用这些方式，产生社会价值。牢记这一点很重要：只有大学保护理智探索的自由，这些社会价值才能产生。如果大学将它限定为只为满足当前岗位需要的个人培训，或者解决当下问题的生产研发，那么它的价值将大打折扣。大学要成为知识、技能、技术和理论的仓库，这些东西在当下没有用武之地，但也许将来会非常有用。只有如此，大学才能彰显其最大价值。大学是现代社会的一种特殊机制：它会解决现在还未凸显、但将来早晚会出现的问题。

我在本书中想证明的关键一点是，美国高等教育系统有诸多优势特色，但它建立的初衷，并不是为了实现这些优势特色。我在前文已经说过，19世纪美国高等教育系统形成时，不是为了储藏知识、提升生产技能和提高生产率。它也不是为了促进言论自由，或进行观念创新。它也没有追求保护它的机构自主性。随着系统的演进，这些才逐渐出现，但它们都是意料之外的结果（unintended consequences）。不同利益群体间的竞争冲突，推动系统向前发展，它们都把大学作为实现其特殊目标的工具媒介。宗教教派把它作为传播信仰的方式；城镇建设者认为它可以促进当地发展和提升地价；联邦政府用它刺激联邦土地的销售；州政府用它增进政府信誉声望，以便与其他州竞争；校长和教师将它作为提升职业的跳板。支撑美国高等教育系统发展的基础，是作为消费者的学生，没有他们的学费、捐赠和忠诚，系统运作将难以维系。消费者也认为大学在如下几个方面对他们有用：寻找社会机遇和实现社会流动的工具；保持社会优势和避免阶层向下滑行的工具；度过愉快时光；享受愉悦的成年过渡期；学会一些社会技能；寻觅佳偶。对了，有时候，它还是一个提供学习的场所。

美国高等教育系统的矛盾就在于，尽管它的外在形式确保了它的主要优势特色，但这些外在形式的最初建立，并非为实现这些优势特色。为继续享有优势特色，我们就必须维护其外在形式。但构成这些外在形式的组织基础，却是荒诞不经的。这套机制的核心是，大学保护其学者免受现实世界的过分侵扰，防止学者之间的相互侵犯，把我们隐藏在虚拟的屏风之后，不让外界知道里面究竟在发生什么。麻烦之处就在于：高等教育机构需要的组织属性，正是理性公众所厌弃的：组织的无政府状态（organizational anarchy）、专业的虚伪（professional hypocrisy）和公共不透明（public inscrutability）。

当下，以上提到的每一个基础特征，都在饱受抨击。更不幸的是，改革者们对高等教育的批评和改革愿景，听起来还很有道理。如果批评者们的目标达成，那么曾经在历史上如此有效的外在形式将被瓦解，我们所熟悉的大学恐怕也将走向终点，不复存在。我可没有保证，这本书会以完美的结局收尾，不是吗？

三、当前试图使重塑系统,使之更"理性"的努力

让我来归纳三种挑战,它们将削弱美国高等教育的核心特征——自主性和不同元素之间的良好协同性,正是这些核心特征确保了高等教育系统在当下的高效成功。只有剖析实际发生的变化的隐性影响,我们才能知道它们如何威胁到支撑美国高等教育系统的基础特征。糟糕的是,美国高等教育系统的基础特征的确是自相矛盾的,为其辩护的确非常困难。但为保护我们的大学的功能强大且运转良好的形式,就必须保卫这些特征。接下来,我将借用加州大学洛杉矶分校的政治科学家苏珊·洛曼(Suzanne Lohamnn)的理论,他是最直接回应此议题的学者。[①]

美国高等教育的改革者们带来的第一个挑战是,他们要提高大学的透明性。谁能反对这一点呢? 这个主张起源于问责运动(accountability movement),它已经席卷初等和中等教育界,现在已经向高等教育进军。它要求大学告诉公众它正在做什么:它如何使用资金和资源? 谁在为它提供资金? 大学复杂结构中的不同分支部门如何相互协调? 这些部门是自给自足,还是从别处获得资源? 学分是如何计算的? 学费和教学成本之间是什么关系? 等等。这些要求,听起来非常合理。

问题在于,大学的自主权取决于它遮蔽其内部运作,免受公众监督的能力,这就需要不透明性。如果公众可以看到所有正在

---

① Lohmann 2004,2006.

发生的事情,知道任何事物的成本,自主权就不复存在。比如维持机构运作的交叉补贴(Cross-subsidies):本科教育补贴研究生教育,专业学院支撑人文学科,助教补贴教授,富学院补贴穷学院。设想一下,所有教学活动都在审查下不能存在,所有的研究都被认为是无用的,或者政治不正确的。目前的大学结构保证了系统内部活动不被暴露,这保证了大学的自主权免受外来侵扰。记住,这种自主权的出现是偶然的,而非预先设计的;它能否存续,取决于大学能否将运作细节继续置于公众视野之外。

　　与之相关的第二个挑战是,改革者们要求将大学分解。他们说,大学的组织形式太糟糕了,有如此之多的研究所和研究中心,学系和学院,以及各种项目和管理机构。大学的组织没有清晰的权责边界,没有提高效率和消除职能重叠的机制,没有测算最佳规模效益的工具。他们还说,透明化只是正确改革方向的第一步,但真正的改革是:拆解大学中的复杂组织,然后用最符合成本收益的方式,分别确定每一个任务如何运作。为什么不能聘用明星教授,把他们的课堂拍摄下来,然后为全国大学提供成批在线课程?为什么不能让专门的独立机构只做它们最擅长的业务,比如补偿教育、本科教育、职业教育、科学研究和研究生培养?把它们放在一个机构中,这样的做法成本昂贵且极其低效。

　　但正是把不同的目的和功能聚集在一起——平民主义、实用主义和精英主义的融合——才使得美国大学如此成功,如此强大,如此有用。这样的融合使大学获得了稳固的经济基础和政治支持,它们协同产生的效应是单一孤立的教育功能所不能实现的。事实就是,大学不能被拆解,我们不能失去被学生、政治制定者、雇主和公众同时迫切需要的这种形式的大学。美国大学如此有效的关键组织要素，就是它的混乱复杂性（anarchic complexity）。

第三个挑战并非来自攻击大学的外部改革者，而是来自内部管理大学的学者群体。这个问题，源起于执行学术原则（academic principle）时的危险实践。好在这样的情况在学术界并不常见。但这种危险，却可能存在于每一次的教职聘用。假设你正在审议某个教职的最终入围名单，但这个教职与你的学术领域关联不大。你惊诧地发现，候选者的研究领域从字面上看来就很荒诞。怎么还会有人把这种研究当回事？因此，该领域候选人的学术水平似乎并不靠谱。因此，你发言反对聘用这位候选者，并且组织你的同事支持你所在的领域。这可是危险的举动。

大学的构造，部分是为了保护学者们免受外部干扰（比如，保护他们免受呼吁透明性和拆解大学的声音的干扰），但它部分也是为了保护学者之间的相互侵扰。因为后者，大学中才会有如此多不同的学系和学院。如果历史学者的聘用由地质学家决定，心理学者的聘用需要法学学者的同意，恐怕没有人能够通过。

一个简单的事实是，虚伪（hypocrisy）保障了大学的健康运行和自主性。由于大学组织的巴尔干式结构（学系系统），每个学者都有受保护的自主空间，我们只在这个空间中与同行们交换意见，否则就会陷入混乱。我们不需要欣赏大学校园中每个人的工作，只需宽容接纳即可。你挑选你们的教职，我挑选我们的教职，这个核心过程被称为学术界中的"互投赞成票"（logrolling）。[1] 在

---

[1] Lohmann 2006.

外部公共场合,我们对自己领域之外的学者表现出官方尊重,但私下里我们可能看不上他。这不是什么坏事。如果我们都严格按照原则办事,如果我们只能接纳我们欣赏的学者,大学的空间和多样将逐步萎缩。换句话说,我不希望大学里只有我觉得有价值的人,不希望多样的学术观点、研究范式、方法论、理论和世界观等消逝,因为正是它们才把大学塑造为一个元素丰富的场所。结果可能是难以想象的混乱,它容纳许多稀奇古怪,甚至是荒诞不经的研究计划、课程科目和教学项目。但从全局而言,在这样的自由主义式的混乱中,才会有丰富多样的观念、才能、理论和社会责任。我们需要珍视和保护这种混乱,并在面对反对者时,为之辩护。

　　这就是我想给你们分享的观点。美国高等教育系统十分高效且有用,它对于学生、学者、政治制定者、雇主和社会而言,都是巨大的资源。它的形式,而非实质,才是使这一切得以实现的关键。尽管它的形式不被外人所理解,但它真的非常有效。因此,我们必须抵制那些希望追求"更理性化形式"(more rationalized form)的呼吁。

　　当然,这些改变可能永远不会实现。当下,因为高等教育已经成为分配社会机遇和社会优势地位的核心机构,所以它成为教育政策改革者眼中的焦点。其实在 20 世纪的多数时间里,中等教育占据着这个焦点位置,如今它已经被大学取代。因此,它自然汇聚了我们对它最糟糕的担忧,以及最伟大的抱负。对任何追求向上流动或者维持优势地位的人而言——实际上谁不想如此呢——高等教育是通向美国梦的路线图,它不可或缺,但也神秘莫测。因此，它成为一个必须被解决的问题。尽管让它保持原样可能对所有人都有好处，但这却不能置之不理。我们感到有必要调动政策工具，确定它的病根所在，并且开方治疗。简而言之，我们需要一个行动计划。

然而，依我之见，这个计划的问题在于它没有意识到：如此成功的美国高等教育系统，其实恰恰不是计划的产物。它是不同群体各自努力行动的"副产品"。土地投机商、教会和教育消费者等，追求不同的终极目标，但他们的目标都不是创建高等教育系统。他们希望增加土地价值、传播宗教信仰，还有找到好工作。当下这个包括5 000多所机构，囊括从开放入学的社区学院到精英的研究型大学的无比复杂和高度分层的系统，都不是当年他们想要建设的目标。美国高等教育系统是自发成长的，是一系列非预期结果不断累积的偶然产物。

不是教育政策创造了美国高等教育系统，而是美国高等教育系统产生了教育政策。它引发了把高等教育作为私人产品的愿景。过去一百年间，该愿景与如下观点相互交织：高等教育是传递社会优势和追求社会机遇的主要机制。消费者们用脚投票，把越来越多的孩子们送进大学；他们也用选票发声，选出能满足不断增长的美国高等教育系统各种需要的政治领袖。高等教育的公共政策，适应把高等教育作为私人利益的消费者需求。冷战期间，美国高等教育系统承担起国家救星的公共责任，但此后它已恢复常态，即又成为促进个人利益的私人产品。它仍然承担公共产品的角色，如促进经济增长，国家实力的提升和文化多样性等。但它运转的核心动力来自私人或机构对个体利益的追逐，以上只是其核心功能的副产品而已。

美国高等教育系统的现有形式让政策制定者们抓狂。核心问题不只是我在前面几页中所指出的：它的运作不透明，各部权责不明确，组织结构混乱复杂。核心问题是，整个系统都自相矛盾。在其内部，充斥着各类矛盾。它不合常理，或者准确地说，它有许多种运转逻辑，且每一种都与其他互不相容，交织拧成一团等待清理的乱麻。这就是各种各样的改革方案所呼吁的：清理、分类、突出核心使命、拆分功能、只保留核心功能的预算、削减开支。这些想法的最终目标是，为消费者提供更精简、高效、实惠和更明确的高等教育产品。

然而，改革者们没有承认一个令他们不快的事实，就是这个笨拙的系统，实际上实现了我们对它的期待。它在成功应对外在环境的过程中成长，它那看似运行失调的结构，是在满足不同功能的需要，培育多样赞助的支持者，以及在持续寻求各种新资源的过程中孕育而成的。长期以来，它为所有人都带来益处，所以没有必要将之精简或分解。恰恰相反，它的混乱，其实反映或者折射出我们追求的各种事物之间的矛盾。它得同时成为人民的学院、青年人的"聚会大学"（party school）、学者的世外桃源、经济发展的引擎、公共园地、知识的圣殿、职业的培训所、维系特权的壁垒、文化的贮藏室、公共娱乐的表演者、中产阶层的准入门槛、社交的俱乐部和大剧场。

这是一种有组织的无政府状态，是一场完美的混乱。美国高等教育系统会对支持它的政策回报以巨大的热情和很好的效益。而那些试图改革它的政策，则未必如此。还记得冷战的光荣时代吧，那时候巨额的联邦和州政府经费流向美国高等教育，使之成为全世界艳羡的对象。但那时候没有人意识到，美国大学获得巨额经费，却很少有附带条件。而现在的情形却是经费减少，但附带条件增多。每一所机构都聚焦于核心功能，削减掉其余一切的虚饰和多余，使之满足审计政策和财政目标的要求。总之，少花钱，少办事。结果就是，那些保证美国高等教育系统如此成功的关键元素受到损害：它的自主权，它的灵活性，它对消费者需求的敏锐性，以及它的综合复杂性。

所以，让我最后留下一条建议：为什么要破坏这场完美的混乱呢？为了继续享有它所带来的利益，我们需要做的就是：让它维持原样。

后记

　　同我早期的大部分作品一样，这本书源自我教学的经历，特别是过去十年在斯坦福大学教育研究院讲授美国高等教育史课程的过程。每当我在给学生授课时，我必须就高等教育史中的主题以及相关文献中出现的问题展开一段故事。后来，在尝试了一段时间之后，我需要看看这些故事是否能足够清晰地用文字呈现出来。虽然课堂教学能够让我自由灵活地萌生一个个想法，但出版成书，才能证明这些想法能否经受住批判性阅读。我曾告诉我的学生，在课堂上谈论我们的想法就像在沐浴时唱歌——在那里听起来可能不错，但真正的考验往往来自录音室。我希望这本书，也能经受住如此考验。

　　感谢众多同事在我编写本书时为我提供的帮助。其中包括斯坦福大学的同事大卫·泰亚克（David Tyack）、拉里·库班（Larry Cuban）、米切尔·斯蒂文斯（Mitchell Stevens）、奇基·拉米雷斯（Chiqui Ramirez）、利娅·戈登（Leah Gordon）、迪克·斯科特（Dick Scott）、帕蒂·冈伯特（Patti Gumport）和伊森·瑞斯（Ethan Ris）；来自美国各地的学者杰夫·米雷尔（Jeff Mirel）、汤姆·波普克维茨（Tom Popkewitz）、尼克·伯布勒斯（Nick

Burbules）、林恩·芬德勒（Lynn Fendler）、H. D. 迈耶（H. D. Meyer）和史蒂文·布林特（Steven Brint），以及另一组欧洲学者丹尼尔·特罗勒（Daniel Trohler）、马克·德佩（Marc Depaepe）、保罗·斯迈尔斯（Paul Smeyers）、弗里茨·奥斯特瓦德（Fritz Osterwalder）和乔恩·托菲·乔纳森（Jon Torfi Jonasson）。

在过去的几年里，我已经在各种学术论坛上包括美国教育研究协会（American Educational Research Association）和教育史学会（History of Education Society）年会，谈论过本书中的一些想法。此外还包括一些更为非正式的小型活动，如教育学科哲学和历史研究社区（Research Community on the Philosophy and History of the Discipline of Education）的年度会议、在瑞士阿斯科纳斯特法诺的弗兰西尼（Centro Stefano Franscini）举办的几次会议、北京大学高等教育会议，以及一系列国际的教育史理论与数据博士会议年会。

我在芝加哥的编辑伊丽莎白·布兰奇·戴森（Elizabeth Branch Dyson）在过去几年里向我提供了很好的建议，并为这个项目提供了强有力的支持。我也非常感谢斯坦福大学教育研究院院长黛博拉·斯蒂佩克（Deborah Stipek）为我安排的学术休假，让我有充足的时间去完成手稿。

最后，我非常感谢我深爱的妻子黛安·丘吉尔（Diane Churchill）在本书杂乱的推进过程中给予我的宽容、爱与支持。谨将本书献给她。